· 李营 主编

刘行光 编

山东大学出版社

图书在版编目（CIP）数据

麻辣科学.“可怕”的科学/李营主编；刘行光编.
—济南：山东大学出版社，2013.9
ISBN 978-7-5607-4877-1

Ⅰ.①麻… Ⅱ.①李… ②刘… Ⅲ.①科学知识—普及读物 Ⅳ.①Z228

中国版本图书馆CIP数据核字（2013）第210446号

策划编辑：马银川
责任编辑：马银川
整体设计：张　荔

出版发行：山东大学出版社
社址：山东省济南市山大南路20号
邮编：250100
电话：市场部（0531）88364466
经销：山东省新华书店
印刷：山东华鑫天成印刷有限公司
规格：890毫米×1000毫米　1/16　9印张　134千字
版次：2013年9月第1版
印次：2013年9月第1次印刷
定价：27.00元

写在前面的话

在我们的日常生活中，科学无处不在，它与我们形影不离。其实，几乎全世界所有的奥秘都包含在科学里面，科学持续不断的进步给我们带来了天翻地覆的变化。但是，科学绝不仅仅是我们所熟悉的数理化知识那么简单，它有着可怕而神秘的一面。例如，具有强烈毁灭性的原子弹、令人毛骨悚然的药物、使人类灭绝的基因工程、威力巨大的噪音、来自空中的死神、要人命的电磁波……许许多多的科学现象看似怪异可怕，背后却无不隐藏着某种严谨的科学知识。

为了满足青少年的求知欲，启迪智慧，答疑解惑，我们精心"烹制"了一桌既"可怕"又"可口"的科学大餐，这就是《麻辣科学 · "可怕"的科学》。本书内容包括"笼罩在人类头上的科学阴影""生命科学和医学的隐忧""网络信息时代的梦魇""解密骇人听闻的科学现象"四部分，涉及地理、物理、化学、微生物、人体、机器人、生物技术、战争等多个领域。

本书以独特的视角、生动的文字、丰富的想象力、直观的图片，全面阐述科学知识，揭秘"可怕"的科学现象，洞悉自然科学规律，让你领略到科学其实也有两面性：既能造福人类，也能给人类带来灾难。关键还是在于人类如何使用。科学其实并不"可怕"，它很精彩、很有趣，可怕的是使用的人。

为了增加知识的趣味性，提高青少年读者的阅读兴趣，本书特意塑造了两个角色——小龙崎和龙叔叔。小龙崎是一个活泼开朗的学生，酷爱科学，对世界上的一切事物都充满着好奇和兴趣，平时总喜欢缠着龙叔叔问个“为什么”。龙叔叔是一位科学院的博士，他知识渊博，对世界科学史了如指掌，因此总被小龙崎“纠缠”。但不管小龙崎如何“刁难”，他都能对答如流。通过小龙崎与龙叔叔的一问一答，本书深入浅出地将科学知识生活化、趣味化。你还等什么呢？赶快跟随小龙崎和龙叔叔开始一段精彩有趣的科学之旅吧！

另外，鉴于编者水平有限，书中难免存在粗疏错漏之处，敬请方家不吝赐教。本书在编写过程中，尤其是在解释科学现象或说明科学原理部分，参考了部分专家学者的观点和著作，在此一并深致谢忱！

编　者

2013 年 5 月

目录

一、笼罩在人类头上的科学阴影

二、生命科学和医学的隐忧

三、网络信息时代的梦魇

四、解密骇人听闻的科学现象

一、笼罩在人类头上的科学阴影

1 具有强烈毁灭性的原子弹

2012年8月，小龙崎和叔叔龙博士到日本的广岛旅游。在8月6日这一天，小龙崎发现社会各界人士都聚集在一起。他们有的在和平纪念公园的原子弹爆炸受害者纪念碑前祈祷；有的在原子弹爆炸的遗址前点燃漂在河中的灯，来纪念死者；还有的手持和平标语进行反战争和反核武器的游行。

小龙崎很奇怪，就问：“龙叔叔，这是怎么回事呢？人们为什么都要在8月6日这一天聚集到广岛呢？”

龙叔叔说：“这一切都要从1945年8月6日那天说起。”

1945年8月6日，本来是一个十分平常的日子。这时，人类历史上规模最大、被卷入国家最多，同时也是死亡人数和经济损失最大的战争——第二次世界大战已经接近尾声。之前，意大利和德国先后宣布无条件投降，日本的战败已成定局。为了迫使日本尽快投降，美国总统杜鲁门决定在日本的广岛使用当时的超级武器——原子弹。随着“轰”的一声巨响，广岛变成了人间地狱。在迅疾的热浪伴随着白光扑来的一刹那，许多人被烧成一团团冒烟的焦炭。数千具烤干缩小的黑色尸体遍布广岛的街道和桥

梁，半空中的鸟类也着了火，不复生存。木块、碎砖、瓦片和玻璃满天横飞，很快堆积为几百英尺厚的瓦砾堆。大地在摇晃，在震耳欲聋的爆炸声中，房屋像被刈割一样坍塌下去。一切东西都化为乌有，一条条街道都变成了废墟。

幸存下来的人们，绝大部分人的脸都烧黑了，头发也烧没了，有的连眼睛都看不见了。这些为大火所烧灼的人，不论死活，个个都是人模鬼样，无法辨认。他们就像一群群幽灵一样，挤在满是瓦砾的大街上，缓慢而沉默地蹒跚而行，到处都是极度的恐怖、痛苦和惊惧。

据统计，在这次爆炸中心半径 2 千米的范围内，城市面目全非。炸弹炸毁并焚烧了医院、学校、市政大厦、警察局等几乎所有的公共设施。在广岛的 7.6 万座建筑物中有 7 万座倒塌或毁坏，其中 4 万座片瓦无存。在这座不到 30 万人口的小城里，当场死亡 7 万多人。而到 1945 年底，死亡人数高达 14 万人，死亡率为 54%。这就是原子弹的威力。

“那原子弹是怎么被发明出来的呢？”小龙崎又问。

龙叔叔说：“从 20 世纪开始，科学家发现稀有金属元素核在裂变过程中会释放出巨大的能量，于是他们便将这种能量应用在战争中，从而发明了威力无穷的原子弹。

“1941 年 12 月，美国总统下令，立即进行原子弹的研制工程。他们在新墨西哥州的沙漠高地上建起研制中心，集中了以费米为首的大批科学家和工程师，开始了极为秘密的工作。1945 年 7 月，他们终于制成了 3 颗原子弹。7 月 16 日，世界上第一颗原子弹试爆，闪光照亮了 16 千米以外的山脉，蘑菇云上升到万米高空，钢塔由于高温被熔化蒸发，方圆 700 米的沙漠表面被火焰熔成玻璃体……

“从此，杀伤力巨大的原子弹诞生了。”

不可不知的事

难以想象的核武器家族

自从 1945 年美国制造出第一颗原子弹以后，发展至今，已经有半个多世纪的时间了。而随着科技的发展，核武器家族也在不断地扩充。除了当年毁灭了广岛和长崎的原子弹之外，威力更大的氢弹、只利用冲击波辐射“杀人不毁物”的中子弹和利用核爆炸的巨大能量扰乱大气中电磁波传输的电磁脉冲弹，以及体积虽然只有一个棒球大小，但是威力却不弱于原子弹的红汞核弹，纷纷登场。核武器家族的势力越来越大。

2 随时存在的核攻击威胁

前天，听了龙博士关于原子弹的介绍，小龙崎自己到图书馆也查阅了很多相关资料，心里产生了很多问题。一天放学回家，他又缠着龙叔叔问道："龙叔叔，我查了一些资料，有人说原子弹的出现是一件好事，因为它促使日本投降。"

龙叔叔说："事情要一分为二来看。原子弹爆炸的确加速了二战的结束，但却使日本无数平民百姓遭到灭顶之灾。据统计，仅广岛的一颗原子弹就使 71000 人死亡和失踪，68000 人受伤，60% 的地区遭受了毁灭性的破坏。"

"原子弹出现在世界大战期间，现在是和平时期，人们应该不会有受到核攻击的可能了吧？"小龙崎问道。

"那可不一定，其实核攻击的威胁尚未解除。"龙叔叔说道。

"为什么这么说呢？"小龙崎又问道。

20 世纪，科学技术令世人震惊的杰作是原子弹的产生。第二次世界大战末期，美国首次把原子弹用于战争。原子弹在日本的爆炸，是人类历史上发生的首次核灾难。除爆炸直接造成的巨大损失外，核辐射产生的危害已经危及无辜的后代。而今，人类制造的核武器已足以毁灭地球数十次之多。

1945 年，美国是拥有核武器的唯一国家。而在 1949 年 8 月 29 日，苏联代号为“首次闪电”的原子弹爆炸成功，苏联成为拥有原子弹的第二个国家。其后，英国、法国、中国、印度、以色列、南非及一些阿拉伯国家也先后制造并成为掌握核武器的国家。目前又有几个国家制定了公开或秘密的核武器计划。拥有核武器的国家不断增多，爆发核战争的危险也随之增加。

与此同时，核武器的毁灭性也不断提高。人类在原子弹之后又制造了氢弹，威力提高了 500 倍以上。核武器的使用已经不限于飞机投掷，从潜艇发射更具有隐蔽性，而洲际导弹在 30 分钟之内可以打到地球的任何一个角落，并且一枚导弹可携带多个弹头，同时打击多个目标。近 50 年以来，人类在制造毁灭性的核武器上，可谓绞尽脑汁。

现在，人类掌握的核武器的破坏力，其发展速度之快令人吃惊。1945 年投放到广岛的原子弹相当于 1. 3 万吨 TNT，到了今天，核弹头的爆炸力已相当于 2500 万吨 TNT，人类拥有的核弹头已达 5 万个以上，所有核武器的总量已达 150 亿吨。也就是说，世界上的每个人都坐在 3 吨立时可炸的高能炸药之上。

“如果爆发核大战，会出现什么后果？”小龙崎问道。

龙叔叔说：“由联合国委托的有数十个国家组成的专家团，曾就一场核大战对人类、地球生态、大气等方面造成的影响进行研究。报告指出，核大战将直接杀死 10 亿人口，剩下的人也将慢慢死去。核大战爆发后，大量烟云聚集在天空，地球气温急剧下降，形成‘核冬天’，许多地方将成为一片冰雾世界，犹如南极。另外，核大战还会产生大量的辐射，破坏臭氧层，大量紫外线进入地面，对各种生物都将造成致命的损害。”

“这么说来，核大战会导致人类的毁灭。真是可怕啊！”小龙崎感叹道。

不可不知的事

大学生造出了“原子弹”

由于核技术的广泛传播，设计和制造原子弹已非难事。一些国家的政府不费吹灰之力便可以找到设计和制造核武器的专业人员。任何一个有能力的核物理学家，根据公开的文献资料都能设计出一种有效的核武器。据有关资料透露，美国一位年轻的大学毕业生，曾根据公开发表的情报资料，在一次作业中设计了一枚可供使用的核炸弹，使得他的老师非常惊奇。人们认为，一名核物理学家在一名电子专家、一名冶金学专家和一名化学烈性炸药专家的帮助下，就能够制造和组装原子弹。同时，核原料的来源也很容易。任何一个拥有核反应堆的国家都可以从核废料中回收可用来制造核武器的钚。目前拥有核反应堆的第三世界国家已有好几个，如果他们决心要制造核武器，很有可能成功。

3 核电站留下的巨大阴影

2011 年 3 月，日本发生了大地震。日本政府承认，在大地震中受损的福岛核电站发生了泄漏事故。看到新闻报道，小龙崎问龙博士：“龙叔叔，大家不是说核电站很安全、很清洁吗？怎么会发生泄漏事故呢？”

龙叔叔叹了口气，说：“其实，核电站并不是绝对安全的，很早以前就发生过事故。如 1970 年，乌克兰北部的切尔诺贝利核电站建成。这个核电站由 4 座核反应堆组成，能为乌克兰提供 10% 的电力，人们十分信任这样有口皆碑的电站。但是 1986 年 4 月 26 日发生的大灾难，却彻底改变了人们对切尔诺贝利核电站的信任。”

小龙崎问：“事故是怎么发生的？”

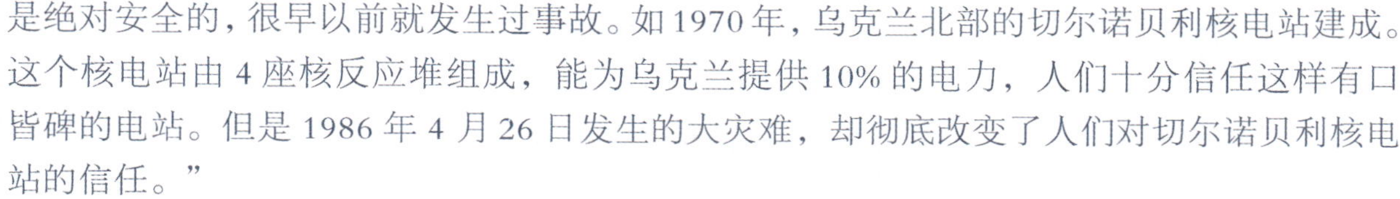

1986 年 4 月 25 日夜晚，工作人员准备对切尔诺贝利核电站 4 号反应堆进行安全测试。第二天凌晨，真正的测试工作正式开始了。为了提高工作效率，工作人员就将控制棒大量拔出。可是他们压根没有想到，自己正在犯一种致命的错误。因为控制棒的作用是调节温度，没有了它，核电站堆芯的温度就会升高。在凌晨 1 点 23 分，工作人员再次犯了一个不可挽回的错误——

将关闭核反应堆的紧急按钮按下了。等工作人员想立即停止试验的时候，电源却突然中断了。冷却系统马上停止了工作，反应堆完全失去了控制！在辐射作用下，堆芯内的水被分解成了氢和氧，随着浓度越来越高，最终导致4号核反应堆大爆炸。

爆炸将2000吨重的钢顶冲击起来，一个巨大的火球顿时腾空而起，照亮了大半个天空，灾难就这样降临了。这些核燃料的碎块、高放射性物质瞬间被无情地抛向了黑暗的夜空，2000℃的高温和高放射剂量吞噬了周围的一切。四周的人们完全没有意识到发生了什么，身体就被高温烧着了。地面上哭声、喊声一片，看起来就是一片火海。蒸发的核燃料迅速渗入大气层中，给周围地区造成了强烈的核辐射，给生物带来了极大的危害。直到5月5日，在救援人员和社会各界人士的努力与支持下，放射性物质的释放才基本得到控制。

小龙崎担心地问：“这次的核反应堆大爆炸造成了哪些后果？”

龙叔叔说：“这次核爆炸是继二战以来最大的核灾难，有5.5万人在抢险救援工作中因辐射而死亡，15万人残废，并且还造成了大量的生态难民。在苏联有15万平方千米的土地受到了核辐射的直接污染，300万人受害。这是多么惊人的数字啊！爆炸释放出来的放射性物质使数万人甲状腺受损，儿童得白血病的比率高出了正常标准的2～4倍。由于辐射导致人体染色体变异，灾难后便出现了许多畸形儿。白俄罗斯是受核污染最严重的地方，1350万人口中有150万人生活在受放射性物质影响的地区，其中40多万是儿童，这些儿童有1/10患有各种放射病。二十多年过去了，那里的人们仍然没有完全摆脱核污染。有专家曾说过，至少还需要100年的时间才能彻底消除这次核污染。”

不可不知的事

刻意隐瞒造成的灾难

切尔诺贝利核电站发生爆炸后，苏联官方并没有及时采取紧急措施。大家一致认为，只是反应堆发生了火灾，并没有爆炸。因此，在事故发生了两天之后，一些距离核电站很近的村庄才开始疏散，政府才派出军队强制人们尽快撤离。当时在核电站附近的村庄测出了超过致命量几百倍的核辐射，而且辐射值还在不停地升高，但这还是没有引起政府的重视。政府为了不引起人们的恐慌，并不让居民了解事情的全部真相，从而导致许多人在撤离前没有采取相应的防护措施，吸收了大量致命的辐射。

4 砸向地球的核动力卫星

这天，小龙崎在电视里看到，我们国家又成功发射了一颗人造卫星。高兴之余，他问龙博士说：“龙叔叔，人造卫星在太空飞行的能量来自哪里呢？”

龙叔叔说：“迄今为止，绝大多数卫星的能源都来自太阳能。卫星带有大面积的太阳电池阵，

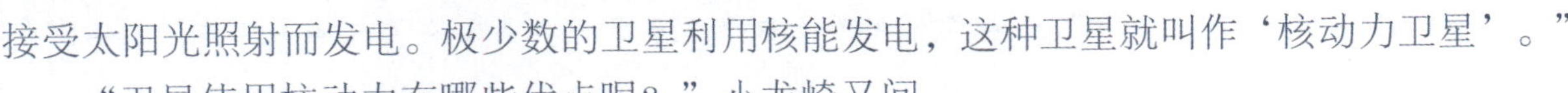

接受太阳光照射而发电。极少数的卫星利用核能发电，这种卫星就叫作‘核动力卫星’。”

“卫星使用核动力有哪些优点呢？”小龙崎又问。

龙叔叔说：“核电源体积小，寿命长，功率大，适应环境能力强，因此，适合于一些军用卫星，特别适合探测外行星的空间探测器使用。世界上最喜好核动力卫星的是苏联，他们的‘宇宙’系列卫星基本上全是采用原子反应堆提供电力。但是，正是这‘宇宙’中的一颗，差一点给地球生物带来一场灭顶之灾。”

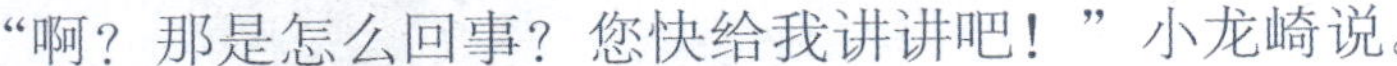

“啊？那是怎么回事？您快给我讲讲吧！”小龙崎说。

1978 年 1 月 28 日，苏联“宇宙 -954 号”核动力卫星发生故障，核反应堆舱段未能升高而自然陨落，带有放射性的卫星碎片落在加拿大野外，造成严重污染。

这一事件震惊了全世界，因为过去一直保密的军事卫星行踪神秘，虽然无时无刻地存在着，但多数人仍不识其庐山真面目。现在，它突然将其本来面目暴露在大庭广众之下，而且还带着令人恐惧的随时降落在人们头上的危险，这怎能不叫人惊恐万分呢？

专家们指出，这次核卫星落在无人居住的荒郊野外完全是一种侥幸，如果这颗卫星在天上再多转一圈，那么它的坠落地点将正好是人口稠密的纽约，而且坠落的时间多半是早晨上班交通拥挤的高峰时间。

美国《时代》杂志指出：“‘宇宙-954号’卫星的核反应堆含有49千克高浓缩铀，包含的威力大约有10万吨TNT当量，相当于第二次世界大战结束前，美国投在日本广岛的那颗原子弹的威力的5倍。虽然它在坠入大气层时不会爆炸，但是，如果把这颗卫星的全部辐射都散射到纽约，那么，它所引起的杀伤范围大约要达到600平方千米以上。”

“那真是太可怕了！此类事情后来还发生过吗？”小龙崎继续问道。

龙叔叔接着说：“就在苏联‘宇宙-954号’核动力卫星坠落事件发生后不久，1982年8月30日，苏联发射的“宇宙-1402号”核动力卫星又一次失控，引起了世界各国更加强烈的反应，各国的地面跟踪台、站都对它的行迹进行了追踪，预测它在什么时候将落入什么地区，应采取什么相应的措施来防止放射性物质对人类的危害。为了能使反应堆在进入大气层时完全烧毁，苏联专

家从地面发出指令，把反应堆与堆心分离开来，这样就能保护核燃料完全在大气层中烧毁，从而减少对地面的放射性危害。

“1982 年 12 月 28 日，‘宇宙 -1402 号’卫星解体成三部分：一部分于 12 月 30 日烧毁，主体部分于 1983 年 1 月 23 日坠入大气层烧毁，其残片散落于印度洋中部海域。但是，这并不是事情的完结，人们最关心的是卫星上的核反应堆部分将会给人类带来什么。2 月 7 日，反应堆部分进入大气层烧毁，残片落点离巴西东海岸 1800 千米，直到此时，人们才松了一口气。”

听了龙叔叔的讲述，小龙崎若有所思地说：“谁也无法确定，那些在我们头顶上空旋转的核卫星，什么时候再出毛病，真是太可怕了！”

不可不知的事

卫星上天靠火箭

人造地球卫星是靠火箭送上天空的。发射人造地球卫星的火箭叫作“运载火箭”，也叫“运载工具”。人造地球卫星能否发射成功，火箭的速度是关键。在目前的技术条件下，一般火箭发动机的喷气速度最大只能达到 2.5 千米／秒，相应地，火箭前进的最大速度是 4.5 千米／秒。很明显，要把卫星送上几百千米的高空，并具有环绕速度，用单级火箭是很难完成的。因此，目前单级火箭无法使卫星达到环绕速度，不能做卫星的运载火箭。多级火箭在航行过程中，可把工作完毕而变得无用的火箭壳体和发动机（死重）抛掉，以达到提高速度的目的。目前，发射人造地球卫星只要用二级或三级火箭就足够了。而且，根据需要，还可以用一枚多级火箭同时发射几颗卫星。

5 不可等闲视之的核材料

最近，小龙崎从叔叔龙博士那里了解到许多关于核武器、核卫星的知识，对核材料产生了浓厚的兴趣。这天回到家，他道：“龙叔叔，什么是核材料？”

龙叔叔想了一下说：“目前，对于‘核材料’这个名词没有统一的看法和定义。一般来说，核

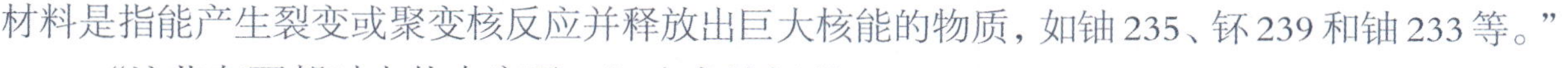
材料是指能产生裂变或聚变核反应并释放出巨大核能的物质，如铀235、钚239和铀233等。”

“这些东西都对人体有害吗？”小龙崎问道。

“那当然了！比如，在格鲁吉亚首都第比利斯，核材料就引起过可怕的怪病。”龙叔叔说。

“龙叔叔，您快给我讲讲是怎么回事吧！”小龙崎央求着说。

在格鲁吉亚首都第比利斯附近驻扎着边防部队的一个训练支队。1997年初，训练支队的11名战士陆续得了一种无人知晓的怪病，而且越来越严重。得病的战士，双腿疼痛难忍，双手像着火一样发热，几乎连裤子都穿不上了，每天都必须将手泡在药液

中，手上的皮都泡掉了。他们五六个月都没下过床，因为稍稍一动就要流血。这在当地引起了极大的恐慌。当地政府束手无策，只得向中央政府求援。

为了对这11名战士进行检查，格鲁吉亚政府请来了俄罗斯放射病专家，最后认定：这些战士曾遭受长达几个月的放射伤害，已患了严重的放射病，如果不及时治疗，很快就会死亡。然而，随之而来的问题是，放射源在哪里？

专家们使用专门仪器对该基地进行了初步的搜索，很快就发现该基地几乎到处都有散乱的放射源：一些废弃的、被盗窃或者因粗心而丢失的放射材料随处可见。专家组在战士们经常值勤的地方找到了致病的放射源——一块放射性铯柱体，其放射剂量在1米外是每小时4500万西弗，而世界平均背景放射只有每小时3西弗左右。

“这到底是怎么回事呢？”小龙崎紧张地问。

龙叔叔说：“随着调查的深入，放射源越找越多，分布地区也越来越大，事件真相逐渐浮出了水面。所发现的带有放射性的设备和材料，几乎无一例外都是苏联制造的，并在苏联时代从俄罗斯运到了格鲁吉亚。受伤害的11名战士服役的利奥训练基地，就曾是苏联驻军的一处训练场，放射源是作为军队的核战争训练材料而被带入了格鲁吉亚。苏联解体后，俄罗斯军队在1992年放弃了该军事基地，并遗弃了大量的放射物质而没有向任何人通告。对此没有丝毫警惕的格鲁吉亚，又将该基地改建成了一座边防军队训练营地，终于酿成了这一惨剧。在国际原子能机构专家的建议下，在整个格鲁吉亚境内对所有苏联军事基地和施工地点都展开了调查。截至1997年11月，专家组找到了352处放射污染点。此后的调查又发现了为数不少的放射源。

“格鲁吉亚的核放射事件虽然已经引起了国际社会的关注，但隐患并未完全排除。因为大部分核材料可能与其他金属混杂在一起。如果在处理中无意被熔化，就会生成可以覆盖数千米的放射性烟雾，如同一颗小型原子弹，其危害无法估计。”

小龙崎担忧地说：“看来随着核能技术的推广和发展，核材料将越来越多。而如何妥善地处理好这些核材料，真是不可忽视的一件大事。”

不可不知的事

发生在巴西的核放射事件

1997 年发生在格鲁吉亚的核放射事件并不是唯一的。1987 年，在巴西也发生过一起核放射事件。一个放射性医疗装置被丢弃在一个废弃的诊所内，清洁工打破了防护层，取出了其中的放射性铯，并将这种像盐一样的发光物质卖给了好奇者。结果导致 400 多人受到放射污染，其中 4 人死亡。不过这次事件中铯的放射水平约为 1000 居里，而在格鲁吉亚发现的放射物约为 40000 居里，是巴西事件中核物质放射性活度的几十倍，因而很多人对这次事件并不知晓。

6 恐怖的海底核坟场

这天，小龙崎放学回到家，看到龙博士正在看报纸。小龙崎喝了口水，问："龙叔叔，老师说现在的海洋正在变成恐怖的核坟场，是真的吗？"

龙叔叔放下报纸，说："不错。自 20 世纪 50 年代开始用核武器装备海军以来，海洋就成了一个核事故频繁发生的场所，当然，出事最多的还是美苏两国海军的核潜艇。"

"海洋中都发生过哪些核事故呢？"小龙崎又问。

1968 年，在太平洋西北海域，一艘苏联核潜艇突然爆炸，整个潜艇连同 100 多名官兵，全都陷入灭顶之灾，葬身于 3000 多米深的海底。事故发生地离美国海岸较近，美国电子监听系统收到了潜艇沉没前发出的极微弱的信号，而苏联海军没有得到这个消息，直到 7 年后，才得知这艘潜艇"失踪"的原委。

美国想利用这个天赐良机探知苏联核武器的秘密，便不惜代价决定进行打捞。然而，就在美国人眼看就要大功告成的时候，潜艇突然断为两截，大半潜艇又沉入海底。钢爪只提起小半游艇的躯体，而失去的那大半截潜艇带有核动力装置和 3 枚核弹头。

“哎呀，核武器掉在海里岂不是很危险？”小龙崎问道。

龙叔叔接着说：“这种核武器葬身海底的事情并非首次。从20世纪50年代美苏海军开始装备核武器以来，随着海难事故的发生，沉到海底的核装置和核武器数量逐渐增加。浩瀚大洋的海底，成了核坟场。

“比如，1952年4月26日，美国驱逐舰‘霍布森号’在大西洋与美国航空母舰‘瓦斯勃号’相撞沉没，175名水手连同舰上的核装置一起沉入大西洋。1963年4月10日，美国一艘重要的核潜艇‘长尾鲨号’大修之后出海试航，在马萨诸塞州的科德角以东200海里的地方，进行深潜实验，在海底断裂，整个潜艇连同携带的核弹头永远留在了那里。1968年，美国海军的攻击型核潜艇‘天蝎号’在亚速尔群岛东南400海里处沉没，艇上的核装置连同99名艇员全部葬身海底。

“进入20世纪80年代以来，苏联海军共有5艘核潜艇有同样的命运。据世界绿色和平组织统计，50年代以来，世界上大约发生过1200起严重的舰艇事故，在大西洋、太平洋和北冰洋抛下的核反应堆至少有10座，核弹头达50多枚。”

“真是太可怕了！”小龙崎惊叹道。

不可不知的事

核动力导弹潜艇事故

1989年4月7日下午5时许，北约军事集团通过设在北冰洋沿岸的电子监听站，收到了大洋深处发向苏联科拉半岛海军基地的遇险求救信号。一架挪威军事侦察机紧急起飞，向出事海域飞去。很快，侦察机上发回来报告——“海面上看到浮尸”。出事地点在离挪威北部海岸约500千米的北冰洋海面上。出事地点已经围聚着几艘赶来救援的苏联渔船，天空中盘旋着几架苏联飞机。挪威和美国军方认定出事的是一艘苏联核动力导弹潜艇。后来，苏联领导人戈尔巴乔夫说：“潜艇上的核反应堆在潜艇沉没之前已经关闭，发生核爆炸或核泄漏的可能性已被排除。”

然而，即使这次沉船事件中侥幸不发生核污染，但是谁也不能保证以后不会发生。目前在全球海域有300多个核反应堆驱动着载有数以千计核弹的舰艇，不论人们采取什么样的措施，恐怕都不能排除有朝一日出大事故的危险性。

7 核恐怖不是天方夜谭

这天，小龙崎在报纸上看到一篇关于原子弹的科普文章，晚上他问龙博士：“龙叔叔，报纸上说不仅一些国家有原子弹，而且有的个人也有原子弹，是真的吗？”

龙叔叔说：“确实是这样，原子弹很可能被一些个人或集团拥有。如果说国家与国家之间发动核战争往往需要一种理智的决策而不轻易发生的话，那么一些个人或集团的核恐怖活动则可能会因失去理智的控制而发生。论危害，自然是前者为大；论发生的概率和不可预测性，则后者有逐渐增大的趋势。”

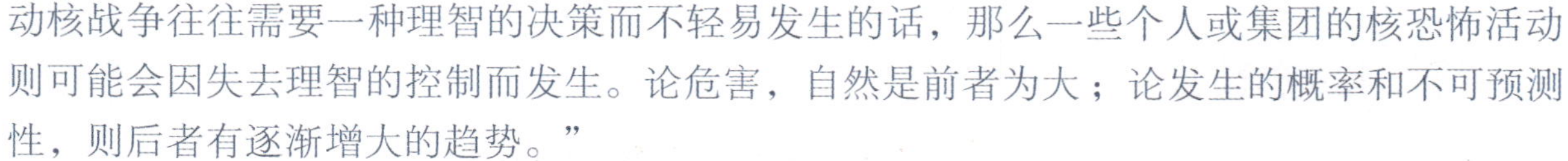

“以个人或集团的力量怎么能制造原子弹呢？”小龙崎好奇地问。

美国一家杂志曾经刊登了一则广告：出售原子弹一枚。人们把这看作美国人特有的幽默，或者是一种“超级玩笑”。但是，偏偏有人甘愿上当，洛杉矶的一位工程师吉姆就按照广告上的地址汇款购买，想要探出个究竟。不久，他果然收到了买的东西，打开一看，确确实实是一颗微型原子弹！

另有报道，美国有大量核原料遗失，截至1991年底，美国的绝密实验室里遗失的铀和钚已达4000千克以上，这足以制造数十枚相当于投在广岛的原子弹。同时，核技术知识日益普及，设计和制造原子弹已不是难事。一个有能力的核物理学家根据公开的文献资料就能设计出一种有效的核武器，更何况在美国还有日益增多的核武器专家。据说，美国一位年轻的大学毕业生，根据公开发表的情报资料，在论文中设计了一颗可供使用的核炸弹，把他的老师吓了一跳。核原料的遗失与核技术的普及，造成了危及社会安全的“核扩散”。

当然，这种“核扩散”的情况不仅仅发生在美国。1991 年 7 月，停泊在莫桑比克首都马普托港的一艘前苏联的船只上，有 5 桶辐射力很强的浓缩铀被盗。不久，在当地黑市上便有浓缩铀出售。1991 年 11 月，瑞士警方破获一个涉及瑞士、奥地利、意大利和捷克四国的核材料国际走私集团，查获 19.5 千克铀。1992 年 1 月 8 日，意大利警方逮捕了走私贩亚 · 库青及 3 名匈牙利同伙，查获 700 克红汞。这种红汞是纯度极高的锑和汞的混合物，是点燃原子弹的必要材料。意大利、奥地利和瑞士警方组成的联合调查组，经过长期侦查，在苏黎世查获了 26 千克用于制造原子弹的铀，并拘留了 7 名军火商。据这些军火商供认，这些核材料来自俄罗斯伊尔库茨克的一座军火库。可以说，核恐怖绝对不是天方夜谭，它随时威胁着人类的生命安全。

不可不知的事

小学生制造的核电站

德国有一名小学生，叫格哈特 · 施特劳斯。他从 6 岁起，就对核能发电厂产生了浓厚的兴趣，后来他在自己家中建成了一座微型核电站。施特劳斯自行建造核电站的成功，使父母惊喜交集，邻居却被科学奇才的创举吓得魂不附体，马上向警方举报。警方在他家地窖里发现了一座雪柜大小的核装置，起初还以为不过是一座精致的模型。当专家证实它确实是一座微型核电站，正在供给整栋楼房的所有电器用电时，警方即引用有关条例拘捕了施特劳斯。法兰克福警方迫切想查出施特劳斯核电站的燃料来源，因为钚是国际上控制极为严格的放射性物质，这种致命的稀有元素在德国是极难弄到的。施特劳斯顶住警方的百般盘问，死也不透露钚的来源，当局至今未能使这位天才儿童就范。

8 毒气战带来的灾难

这几天，电视新闻里说，某个国家又发生了战争。看着电视里一盘狼藉的画面，小龙崎禁不住对龙博士说："我最讨厌战争。您看，战争的双方为了各自的利益，给当地的老百姓带来多大的伤害啊！"

龙博士点点头说："是呀，他们有时甚至可以不择手段。不知你有没有听说过，在历史上，毒气竟然也被用到了战场上。"

小龙崎满怀同情地说："不难想象，一种有剧毒的气体随风扩散到空气中，被人或动物吸入到体内，是多么残忍的一件事情啊！那毒气是怎么被用于战争的呢？"

提到毒气战，就不能不提德国化学家弗里茨·哈伯。他一生从事化学研究，曾在1906年发明了氨的合成法，使人类摆脱了农业肥料仅能使用天然氮肥的困境。人们为此向他庆贺，给他献上了美丽的颂歌，人们尊崇他为给人类带来福音的科学家。

哈伯对人们的称誉沾沾自喜，他本应沿着这条有益于人类的科学道路继续研究下去，凭他的天才和勤奋研究出更多更好的促进人类文明发展的成果。然而他的科研方向与目的并不明确，他似乎只是为了研究而研究，至于研究出来的成果到底对人类有何作用，他并不关心。在他看来，研究是他的事，使用则与他无关。

由于哈伯的研究成果得到人们的普遍赞誉，德皇威廉二世任命哈伯担任了柏林凯撒·威廉物理化学所的所长。这时的威廉正野心勃勃，准备发动统治欧洲的战争。他知道哈伯有化学研究的才干，就想利用哈伯为他研制出杀伤力巨大的化学武器。哈伯此时如果尚有科学家的良知，他本应拒绝研制这种杀人武器，然而他只看到了威廉对他的宠爱，而看不清威廉对他的利用，因此他又欣然接受了化学兵工厂厂长的职务，并很快就研制成功一种新式武器——氯气弹。

1914 年 6 月，第一次世界大战爆发，德国军队向欧洲各国进行了闪电攻击。但是，他们的军队在西南战线遇到了英法联军的抵抗，德皇的军事计划受阻。这时德皇就决定采用哈伯研究出来的氯气弹。

1915 年 4 月 22 日，德国特种部队于夜间在 6000 米长的战线上安放了 6000 个氯气罐。当下午风向改变、吹向英法联军一方时，德军施放了氯气。霎时间，18 万千克的氯气形成了 2 米高的黄绿色气墙向英法联军阵地漫移。英法联军毫无防毒设施，5000 多人中毒身亡，15000 多人受伤，一场大规模的化学战从此开始。

德皇还嫌这种毒气弹威力不大，又叫哈伯从事新的化学武器研究。哈伯明知他的研究成果被用于战争杀人，仍不遗余力，潜心研究。1915 年 12 月，他终于又研制出一种光气，即碳酰氯。德皇马上在伊普战线上施用，又使众多的人员伤亡。在第一次世界大战中，化学武器造成了 100 多万人的伤亡。

小龙崎鄙夷地说：“哈伯后期的科学研究不仅没给人类带来福音，而且还给人类带来了巨大的灾难，真是太可耻了！”

不可不知的事

抗战时日军对我国使用毒气 2000 余次

抗日战争期间，日军在我国领土上犯下了滔天罪行。日军不仅在战场上使用毒气，而且还惨无人道地对敌占区的中国平民使用毒气，那景象真是惨不忍睹！据统计，8年中，日军先后在中国的 14 个省（市）、77 个县（区），使用毒气 2091 次。其中，有 423 次是针对我华北游击部队使用的，造成 3.3 万余人伤亡；另外，对中国正规军使用 1668 次，使我军官兵 6000 余人死亡，4.1 万余人受伤。而这些庞大的伤亡数字还不包括平民百姓，日军的可耻行径真是令人发指。

9 合成农药使春天变得寂静

小龙崎和叔叔龙博士在院子里的空地上种了一些蔬菜，但是没过多久，蔬菜上生了害虫，最后这些菜叶子发黄死掉了。小龙崎看着死掉的蔬菜，说："这些害虫真是太可恶了！"

龙叔叔说："是呀！世界上有3000多种有害的昆虫，它们吃掉大量谷物、水果和纤维品，还传染疾病，因此，一直以来，人类渴望杀死这些有害的昆虫。经过近一个世纪的努力，人类发明了大量合成农药，取得了不少与害虫做斗争的经验，但这些农药也给我们留下了许多意想不到的后果。"

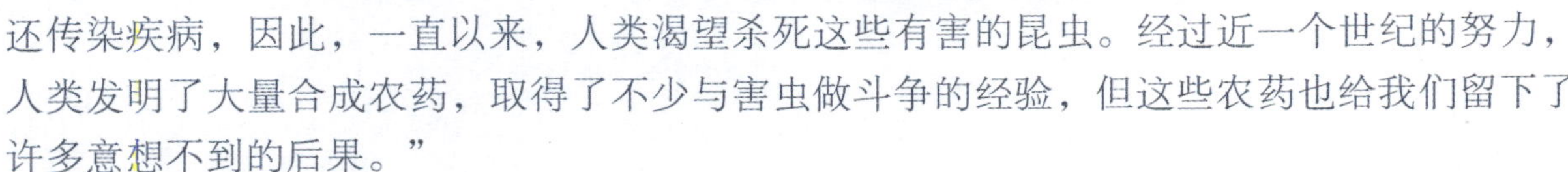

"意想不到的后果？那是什么？"小龙崎问。

1925年，瑞士化学家保尔·赫尔曼·米勒开始了对合成杀虫剂的研究。有一天，米勒接到妹妹从家乡寄来的信，从信中得知，家乡又闹起了严重的虫灾。米勒想起小时候听老人说起的"以毒攻毒"，决心要发明一种威力超群的杀虫剂，帮助乡亲们消除虫灾。终于，他合成了双对氯苯基三氯乙烷，即威力超群的"滴滴涕"（DDT）。

DDT是人类历史上第一种有机合成农药。继DDT之后，又出现了许多有机农药，主要有狄氏剂、艾氏剂、异狄氏剂、冰片基氯、毒杀粉、六六六、七氯等，它们具有生产规模小、成本低、药效高、应用范围广泛、残效作用长等优点。所以，在 20 世纪五六十年代，它们的使用量是非常大的。

但是，有机杀虫剂的使用，也带来越来越大的麻烦。人们慢慢发现，本来是万物复苏的春天，小昆虫和小动物却减少了；本来是喧闹的春天，却变得寂静起来。

原来，世界上有近 300 万种昆虫，其中只有 3000 种是有害的，其余则是无害的或是有益的，像害虫的天敌瓢虫、寄生虫等。DDT 的毒杀范围是相当广泛的，虽然消灭了许多害虫，但更多的无害昆虫也遭到了毒杀。例如，在美国南部，为了消灭火蚁，曾大面积地使用过狄氏剂和七氯，当时，每英亩允许使用 2 磅的药量，但是，火蚁并没有灭种，相反，种类更多的其他昆虫却死亡了很多。

事实上，不仅在一般的害虫中，甚至在被 DDT 杀死的那些害虫中，也总有少数个体有化学上的变异，因而是抗药的。当其他个体被杀死时，他们却活了下来，并成倍增长，结果便出现了一种全都能抗药的昆虫。这样，若干年以后，DDT 对于这一类害虫就已变得作用不大了，其数量有时甚至比使用 DDT 之前还要多，造成了害虫的再度成灾。

DDT 具有长效性，这种原来认为的“优点”也慢慢给人类带来了灾害。它的化学性质十分稳定，即使在日光曝晒和高温下也极少挥发和分解，这使得它在土壤中的半衰期长达 2～4 年，消失 95% 需要 10 年的时间。长期使用 DDT 就会造成土壤、水质和大气的严重污染。再者，虽然 DDT 对哺乳动物和植物无急性毒杀作用，但在动物体内能够积存，在洒药时也容易渗入蔬菜、水果的蜡质层中，使食品增加残毒。当 DDT 在人体内积存到一定数量时，就会伤害中枢神经、肝脏和甲状腺，积存更多则可能引起痉挛和死亡。

听到这里，小龙崎说："合成农药的危害真是太可怕了！现在 DDT 还在使用吗？"

龙叔叔说："1970 年，瑞典、美国、加拿大已经停止生产和使用 DDT，后来其他国家也陆续停止了对其的生产。DDT 等虽然被淘汰了，但是它造成的危害却给我们敲响了警钟。"

不可不知的事

一位被"毒倒"的医生

在美国，有一位爱好园艺的医生，他在他的小花园里每周都有规律地使用 DDT，后来又用了马拉硫磷杀虫剂。有时，他直接用手洒，有时借助于水管上的配药附件，直接地把药加入水管中。他的皮肤和衣服经常被水浸湿，他也不予理会。一年后，他忽然病倒了。经过检查，他的脂肪组织中竟然积累了大量的 DDT。DDT 损伤了他的神经，而且这种损伤是永久性的。他的体重减轻，感到极度的疲劳，患了特殊的肌肉无力症，表现出典型的马拉硫磷中毒症状。长期的毒物侵蚀，使这位医生失去了工作能力，也无法再从事他爱好的园艺活动了。

10 人工制造的“瘟神”：细菌

在报纸上，小龙崎看到非洲的一些国家发生了瘟疫，夺去了很多人的生命。放下报纸，小龙崎对龙博士说：“瘟疫使很多人在痛苦中死去，真是太可怕了！”

龙叔叔说：“这种瘟疫一般是自然灾害后，环境卫生不好引起的，我们还可以做些防范。但是，有一种人造的瘟疫却是让人防不胜防的。”

“瘟疫还可以人造吗？龙叔叔，您快给我讲讲吧！”小龙崎着急地说。

在相当长的一段历史时期内，人们一直没有意识到细菌的存在，灾难和疾病被认为是反复无常、不可预料的神明的作为。直到18世纪60年代，才出现了理解上的伟大突破。法国化学家路易·巴斯德推断，所有传染病都是由他称之为“病原体”的微生物所导致的，它们不为肉眼所见，通过空气、水或直接接触皮肤扩散、传播，攻击健康的有机体。

19世纪以后，科学家发现了各种病原微生物，掌握了人工培养细菌的技术，一些战争贩子开始研究各种生物武器。生物武器就是利用细菌和病毒作为军事进攻的手段，在历史上曾多次发挥它的威力。例如，在第二次世界大战中，日本731部队在中国利用俘虏进行细菌武器实验并生产细菌弹，用生物武器残害了无数的中国人。据相关资料披露，731部队约有3000人，每月能生产鼠疫菌300千克、炭疽菌500～600千克、霍乱菌100千克、带细菌的跳蚤200千克（1千克约有300万只跳蚤）。1940年4～10月，日本飞机多次侵入浙江衢县和宁波等地撒播跳蚤和各种带菌杂物，使衢县和宁波鼠疫病流行，死亡数百人。

除了残害人类的生物武器，现在一些影响牲畜和农作物的生物武器也在暗中发展。使用这些有机物，可以使敌对国的农业或经济陷入瘫痪。例如，第一次世界大战期间，德国间谍曾用马鼻疽菌感染英法等国从中东进口的4500头骡子，致使这些专门运送武器弹药的骡子病倒，从而影响了作战行动。

听到这里，小龙崎又问：“生物武器与核武器相比，哪个更可怕呢？”

龙叔叔说：“前些年，美国技术评估办公室（OTA）在一座人口密度为每平方千米3000～10000人的城市进行了两种武器的比较研究。计算出一枚12.5千吨的核导弹能造成圆形7.8平方千米的破坏，2.3万～8万人死亡。在乌云密布、中等风速的白天或夜晚，一枚携带30千克炭疽孢子的同样的导弹能在10平方千米的雪茄形区域造成3万～10万人死亡。

“然后，OTA选择了一个特殊城市——首都华盛顿，比较了生物武器在三种不同天气条件下的攻击效果。每种情况下都由飞机沿顺风方向在100千米距离内释放100千克炭疽孢子。在最恶劣的天气条件下或阳光明媚、微风习习（两者都会降低药剂的效力）的条件下，可感染约46平方千米，杀死13万～46万人；在乌云密布、风力中等的天气条件下，可感染约140平方千米，杀死42万～140万人；而在理想的条件下——宁静清澈之夜，炭疽孢子能覆盖约300平方千米，杀死100万～300万人。可见，不论在什么情况下，炭疽孢子都比核武器具有更大的毁灭性。”

不可不知的事

巴斯德的曲颈烧瓶试验

法国生物学家巴斯德曾做过一个著名实验，从而证明了细菌的存在。他把新鲜清澈的肉汤分别装入甲、乙两个玻璃瓶里，然后把甲瓶的瓶颈烧软，并拉成鹅颈似的弯曲细长的形状，而把乙瓶的瓶口敞开。随后，他再次煮沸瓶内的肉汤。通过观察，他发现，乙瓶内的肉汤很快就腐败变质了；而甲瓶，尽管肉汤通过弯曲细长的瓶颈与外界相通，但经过一段时间后，瓶内的肉汤仍然新鲜如初。后来他又反复做了几次类似的实验，都得到了相同的实验结果。

11 科技发展带来臭氧层危机

进入夏天以后，天气变得越来越热，阳光也越来越毒了。每当金黄色的阳光照射在小龙崎身上的时候，他总会觉得像有无数根细小的针扎在身上一样。晚上，小龙崎问龙博士：“龙叔叔，我听老一辈人说，以前的天气不是这样，太阳也没有这么毒。现在为什么会这样呢？”

龙叔叔看了看小龙崎比以前黑了不少的胳膊，说：“这一切都是我们头顶上的臭氧层危机带来的。”

“臭氧层危机？这是怎么回事？”小龙崎问道。

臭氧是氧气的同素异形体，它在大气中的含量通常很低。在离地面 20 ～ 30 千米的高空，有一臭氧分子含量较高的气体层，称为“臭氧层”。臭氧的含量虽然极其微小，但却具有非常强的吸收紫外线的功能，它能将来自太阳辐射的 99% 的紫外线吸收，像一把保护伞保护着地球上的生灵免受紫外线的杀伤。

1984 年，英国科学家首先发现南极上空的臭氧层浓度极为稀薄，即出现所谓的“空洞”。1985 年，美国“雨云 7 号”卫星进一步测定了南极上空臭氧层的面积，发现这个臭氧空

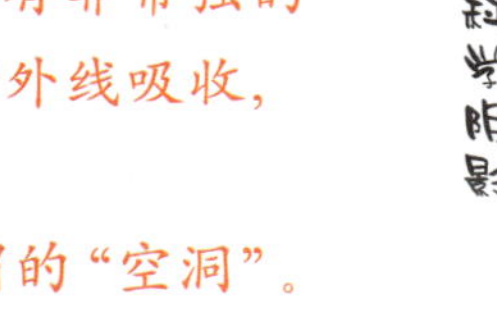

洞的面积与美国的领土面积相当，其深度相当于珠穆朗玛峰的高度。到 1994 年，南极上空的臭氧层破坏面积已经达 2400 万平方千米，其中的臭氧含量减少了 50%。此后大量的监测结果表明，大气中的臭氧层正在减少，而且不仅仅在南极，而是遍布全球各个地方：北极上空也出现了一个臭氧层空洞，北半球上空的臭氧层也比以往任何时候都稀薄，横跨美国、加拿大、日本、中国、俄罗斯、西欧等国上空的臭氧层也发现了空洞，臭氧减少了 30%。科学家警告说，地球上空臭氧层被破坏的程度远比一般人想象的要严重得多。

“臭氧层的破坏会给人们带来什么样的严重后果？”小龙崎问道。

龙叔叔继续说道：“臭氧的减少会损伤人类的免疫系统，使皮肤癌和膜炎患者增加，使传染病的发病率提高。据科学家研究，臭氧每减少 1%，将使白内障病人增加 1.6%，即每年增加 10 万名盲人；会使皮肤癌的发病率增加 3%，即每年增加 50 万病例。臭氧的减少还会破坏地球上的生态系统：过量的紫外线影响植物的光合作用，使农作物减产；破坏海洋食物链，使渔业减产；破坏淡水里的微生物，降低淡水的净化能力；会导致奶牛的产奶量减少；还可能导致某些生物物种突变。”

“臭氧层为什么会被破坏呢？”小龙崎又问道。

龙叔叔说：“关于臭氧层破坏的原因，科学家通过反复研究和监测发现，破坏臭氧层的元凶是大量排放的氯氟烃。氯氟烃（俗称“氟利昂”）在自然界中是没有的，是 1930 年美国杜邦公司首次合成出来的，被广泛用作制冷剂、发泡剂和清洗剂等。氯氟烃在大气下层并不活泼，但漂浮上升到臭氧层受到紫外线辐射后就会分解，所释放出来的游离氯原子则会与臭氧分子进行剧烈的化学反应，形成氧分子，使臭氧发生改变而失去了吸收紫外线的功能。1 个氯原子就能破坏 10 万个臭氧分子。所以，它的破坏力非常强。而且，氟氯烃类物质有着非同寻常的化学稳定性，在大气中的寿命可以达到 100 多年。因此，科学家呼吁国际社会尽快采取行动，拯救、保护我们的臭氧层。”

不可不知的事

夏天的阳光很毒辣？

人们都知道冬天天气寒冷，同夏天比起来，冬天的阳光“温柔”了许多，并不会像夏天那么毒辣。这是为什么呢？原来在冬天，云层的温度会降低，在这个时候，那些破坏臭氧层的氯氟烃就会因为温度的原因，还没来得及到达臭氧层，就被高空中的低温和水分子凝结成一个个小冰晶，形成“冰云”，或者随着降雪落回到地面上。等冬天结束、春天到来的时候，气温开始回升，那些富含氯氟烃的冰云也开始不断地融化，而囤积了一个冬天的氯氟烃气体会猛烈地冲击臭氧层，从而使臭氧层在夏季大幅“缩水”。不仅如此，当地球上的气温回升之时，大量的热空气会升向高空，极大地冲击整个冬天形成的臭氧层。在冲击中，有很大一部分臭氧就会被空气带到较低的空中，因此夏季会有更多的阳光射入地球。

12 “击败”人类的超能机器人

这天，小龙崎看到叔叔龙博士正在网上看一部电影，就走过去问他：“龙叔叔，您在看什么电影？”

“哦，我在看美国科幻片《机械公敌》，讲的是在不远的将来，机器人有了智能，给人类造成了一场大灾难。”龙叔叔说道。

小龙崎问：“机器人是人类一手发明、制造，为人类服务的，它怎么会给人类带来灾难呢？这种说法是不是有点危言耸听呢？”

在讨论机器人是否会给人类带来灾难之前，我们先来看一些机器人引起的悲剧性事件：

1978 年 9 月 6 日，日本广岛一家工厂的切割机器人在切钢板时，突然发生异常，将一名值班工人当做钢板切割，这是世界上第一宗机器人杀人事件。

1982 年 5 月，日本山梨县阀门加工厂的一个工人在调整停工状态的螺纹加工机器人时，机器人突然启动，抱住工人旋转起来，造成了悲剧。

1985 年，前苏联发生了一起家喻户晓的智能机器人棋手杀人事件。前苏联国际象棋冠军古德柯夫同机器人棋手下棋连胜三局，机器人棋手恼羞成怒，突然向金属棋盘释放出强大的电流，在众目睽睽之下将这位国际大师击倒。

这些都是血的教训，直接向人们说明：机器人虽然给人们的生活带来了很多便利，但毕竟它不是真正的“人”，在丧失人类有效控制的情况下，它们是十分危险的。

不过，这些都是由于某些机器人系统不完善，在机器人使用的初期引发的事故，那时的机器人在人工智能方面的条件与现在是不可同日而语的。

但是，值得人类忧虑的是，既然机器人越来越聪明，那么它们会失控吗？人类的生存是否会受到它们的威胁？这些问题不是随便就能下结论的。

人们现在比较关心的是，军用机器人是否会“叛变”，因为毕竟它们才是最具战斗力的“钢铁军团”。

同所有其他机械一样，作战机器人也会出现故障和错误的操作。虽然花大力进行测试和严把质量关可以减少软件出问题的次数，但要彻底根除程序故障是永远做不到的。因此，人们所能想到的最好的解决办法，就是把失灵机器人所造成的麻烦控制到最低限度。如果把核弹头“托付”给机器人巡航导弹，它们一旦失灵，后果将是灾难性的。

机器人武器系统的研制者们必须确定，他们研制的机器人所安装的人工智能系统到底先进到何种程度，才不至于对人类的生存构成威胁。由于配备了具有大容量资料储存能力和数据快速处理能力的计算机“大脑”，未来的机器人在推导某些问题的答案以及对突发情况作出反应等方面的能力都将大大优于人类。不仅如此，机器人很可能还将具备战术甚至某些战略决策的能力。如果允许机器人作出重要的战略和政策决定，那就更具有脱离人类控制的危险性了。

不可不知的事

会动脑筋的机器人

现代机器人的出现是近几十年来的事，它经历了一个从低级向高级发展的过程。第一代机器人只能简单重复人的某一动作，被称为“重复型机器人”；第二代机器人靠人控制，可远距离操作，被称为“远距离操纵机器人”。这两种机器人都没有智能。第三代机器人是在计算机发展到相当程度后出现的，它有一定的智能，即具有分析、判断、推理、计划、决策和学习的功能，被称为“会动脑筋的机器人”。从严格意义上讲，这才算得上是真正的机器人。

13 令人揪心的太空垃圾

一天，小龙崎看到一则飞机失事的新闻，失事的原因是飞机在起飞时惊动了机场附近的一群小鸟，在升空过程中与小鸟相撞了。正好前几天小龙崎和同学看了宇航员加加林的传记，两个人都非常向往有一天能坐着航天飞机飞向浩瀚的宇宙。看了这则新闻后，小龙崎有一点害怕了，在太空中有那么多航天器和天体碎片，航天飞机会不会和它们发生碰撞呢？正好这时龙叔叔下班回来了，小龙崎赶忙跑过去问龙叔叔：“龙叔叔，航天飞机在太空中航行会和人造卫星或天体碎片发生碰撞吗？”

一般不会。因为航天飞机上都装有预警系统，一旦要发生碰撞，地面指挥系统就会发出警告信号，航天飞机只要及时改变航向就可避免碰撞事故的发生，迄今为止还没有发生过这类灾难性的事件。但是我们也要意识到危机的存在：随着航天事业的发展，在过去三十多年中人类一直在创造由人造卫星或助推火箭破裂的残片、固体火箭燃料粒子和其他物体组成的在轨道上飞行的碎片，即太空垃圾。

太空垃圾可分为三类：一是用现代雷达能够监视和跟踪的比较大的物体，主要有各种卫星、卫星保护罩及其部件等；二是体积小、无法用地面雷达监视和跟踪的各类小碎片，它们主要是卫星、火箭发动机等在空间爆炸时产生的，其数量估计至少有几百万；三是核动力卫星及其产生的放射性碎片。

1957 年 10 月 4 日，前苏联成功地发射了第一颗人造地球卫星，揭开了人类空间时代的序幕，同时也为太空送去了第一批垃圾。当时，宇航员完成飞行任务后，把卫星的装载舱、备用舱、仪器设备及其他遗弃物都留在了卫星轨道上。此后，随着人类太空史上的一次次壮举，太空垃圾与日俱增。据统计，目前约有 3000 吨太空垃圾在绕地球飞舞，而其数量正以每年 2% ～ 5% 的速度增加。科学家们预测：太空垃圾以此速度增加，将会导致灾难性的连锁碰撞事件发生。如此下去，到 2300 年，任何东西都无法进入太空轨道了。

而且，太空垃圾是以宇宙速度运行的。一颗迎面而来的直径为 0.5 毫米的金属微粒足以戳穿密封的飞行服；人们肉眼无法辨认的尘埃（如油漆细屑、涂料粉末）也能使宇航员殒命；一块仅有阿司匹林药片大的残骸可将人造卫星撞成“残废”，可将造价数亿美元的航天器送上绝路。在人类太空史上，太空垃圾造成的事故和灾难屡见不鲜。1983 年，美国航天飞机“挑战者”号与一块直径 0.2 毫米的涂料剥离物相撞，导致舷窗被损，只好停

止飞行。由于太空垃圾从中作梗，美国曾有 7 枚火箭在轨道上爆炸。

“太空垃圾对太空安全航行有这么大的威胁，我们如何去清除它们呢？”小龙崎担忧地问道。

龙叔叔说：“这项工作任务是非常艰巨的！太空垃圾分布的范围很广，散布在整个宇宙空间，不好集中清理，很多国家都在想办法应对。例如，美国已经建立了一套全球性的监视系统来跟踪太空飞行物，收集有关的数据，为以后清除太空垃圾做准备工作，同时还研究出一些新方法，使太空航行器去掉那种在太空中会引起爆炸的剩余燃料，减少碎片的产生。”

不可不知的事

太空垃圾对太空航行的危害

1991 年 9 月 15 日，美国发射了“发现者号”航天飞机，差一点就与苏联留在太空的火箭残骸相撞酿成灾祸。当时两者仅相距 2.74 千米，幸亏指挥系统及时发出了警告信号，航天飞机马上改变了航向才化险为夷，否则，很有可能船毁人亡，或引起其他灾祸。可见，太空垃圾对太空航行的危害极大。

二、生命科学和医学的
隐忧

1 抗生素对人类的“攻击”

这几天，小龙崎感觉身体有些不舒服，龙叔叔陪他去医院检查，医生说患了呼吸道感染疾病，需要注射青霉素。小龙崎问：“龙叔叔，什么是青霉素？”

龙叔叔说：“青霉素是一种抗生素，能够抑制和杀灭致病细菌。为维护人类的健康和提高人类的平均寿命，抗生素所作的贡献是巨大的，而我们每个人的健康成长也几乎离不开抗生素的呵护。但是，在抗生素被越来越广泛使用的这几十年中，我们也不断遇到一些前所未有的难题……”

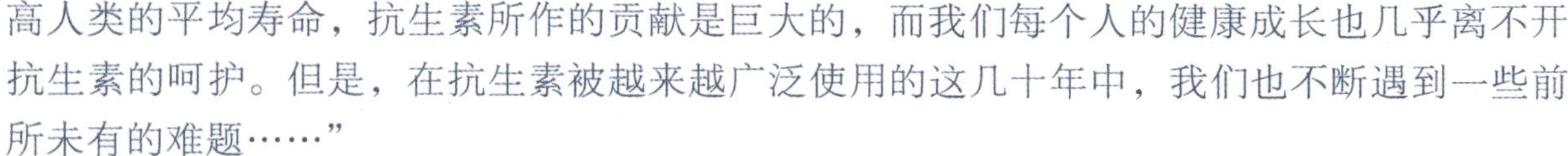

“什么难题？”小龙崎接着问。

细菌无处不在，不仅遍布空气、土壤和水体中，而且还存在于任何生命形式之中，包括人类。一个人所携带的细菌的数量是惊人的。细菌虽然大部分对人体有益，但有少部分会使人致病。1929 年，英国细菌学家弗莱明博士偶然发现了青霉素能抑制葡萄球菌生长的现象，从此揭开了人类研究、生产和使用抗生素的序幕，使由细菌引起的危害人类健康的一大类疾病得到了有效的治疗。抗生素的效果在使用早期如同一个奇迹，比如

曾经被视为不治之症的肺结核，就是被青霉素一举降服的。

然而，随着抗生素种类的增多和使用历史的延长，滥用的现象也日益普遍。人们把抗生素看作灵丹妙药，在我们周围用抗生素治疗由病毒引起的感冒已非常普遍。其实，这种用法不仅错误，而且还有害。因为抗生素可分为许多类型，每一种类型都具有独自的抗菌范围，所以一般抗生素对感冒病毒均无疗效。而且，如果抗生素选择错误或者长期大量应用抗生素，就会对人体健康产生副作用。比如，有的抗生素会影响听力，有的抗生素对肝、肾有损害，等等。

更严重的是，滥用抗生素已使越来越多的细菌出现了令人不安的耐药性，于是抗生素剂量不断加大，版本不断刷新，人类和细菌开始了一场军备竞赛。结果是新的抗生素的发现速度还赶不上细菌产生耐药性的速度，而且耐药细菌的毒力也越来越强，越来越难以对付。如今在美国的医院里，20% 的肠道菌感染对抗生素产生抗药性，包括危险的金黄色葡萄球菌在内。肺结核和疟疾在世界许多地方失去了控制，每年有大约 30 万人死于疟疾。

2003 年上半年，在我国的一些地区和东南亚国家相继发生了“非典型肺炎”病例，并向各地蔓延。患者几乎都是以高热为首发症状，咳嗽较少，痰也很少。而以前被定义的“非典型肺炎”多数由支原体、衣原体、立克次体、军团杆菌或病毒引起，通过应用抗生素治疗，大多能收到不错的效果，很多患者甚至不用住院就能痊愈。但本次的“非典型肺炎”与通

常所指的非典型肺炎不同，主要表现在现有的抗生素都难以奏效，因而治疗起来难度很大。

听到这里，小龙崎说：“看来，滥用抗生素必须引起人们的高度警惕。”

龙叔叔点点头，说：“是呀，世界卫生组织专家曾发出警告，如果人类不停止滥用抗生素，那些新产生的能抵抗所有药物的“超级病菌”将会使目前所有的抗生素失效，人类在严重感染面前将再次束手无策。”

不可不知的事

抗生素只灭病菌而不会杀伤人体的细胞

每种抗生素都有自己独特的作用位点。例如，青霉素只对细菌的细胞壁起作用，它能阻止细菌细胞壁的合成，而人体细胞由于没有细胞壁存在，就不会受到什么大的影响。四环素、氯霉素等虽然会阻碍细菌的蛋白质合成，但是细菌和人的细胞中蛋白质合成场所不一样，因此，它们对细菌的作用强烈，而对人体细胞的作用是微弱的。抗生素能干扰或阻碍病菌正常的存活机能，使病菌不能正常地吸收外界营养物质，也不能获得生命活动所必需的能量，从而抑制病菌的生长繁殖，而人体细胞则不受什么影响。

2 灭绝人类的基因武器

这天，龙博士带小龙崎去参观一个高科技展览，这让小龙崎大开眼界。在回家的路上，小龙崎说：“龙叔叔，今天的我们真是太幸福了，您看那么多高科技将会使我们的生活变得更加美好！”

龙叔叔笑了一下，说：“许多高科技成果在为人类造福的同时，往往也用于军事领域，给人类带来巨大的灾难。例如，某些国家正在研究的基因武器，一旦试制成功并投入使用，将会给人类带来巨大的灾难，甚至将使人类面临灭绝的危险。”

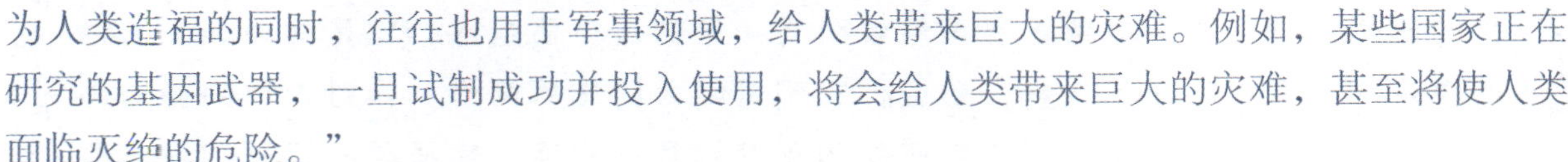

“这么可怕啊！那什么是基因武器？”小龙崎问道。

基因是细胞核内起遗传作用的物质，它决定生物的特性，确保该生物按原来面目一代代繁衍下去。基因工程则是采取类似工程设计的方法，按照人们的需要和意愿，把一种生物遗传物质基因，移植到另一种生物的细胞中去，使下一代生物有新的遗传特征，从而改变原生物的性状和功能，创造出新的物种。这项生物技术被应用到军事上，就产生了基因武器。基因武器即采用遗传工程方法，按照设计者的需要，通过基因移植到微生物体内，从而制造出的新一代具有巨大杀伤力的武器。

基因武器与化学、生物和核武器相比，有着特殊的功效。因为基因武器是通过致病基因感染人体的，所以人们一般不能预先发现，而一旦发现受基因武器伤害时，为时已晚。因为这时人们已被感染上致病基因，只有制造者才知道它的遗传密码，别人在短时间内难以破译和控制，受害人只能坐以待毙。

由于世界各民族都有不同的遗传特性，因此基因武器的制造者，可以根据特定民族的遗传物质性，制造出损害该民族智力或使其丧失生育力的致病基因，使该民族成为白痴或是完全绝后，最后彻底消灭这一民族。有了基因武器这种特殊的杀伤力，在未来的战争中就不再需要飞机、坦克，以及士兵们冲锋陷阵、短兵相接了，也不再需要核武器和中子弹就可以彻底消灭敌方。这就是基因武器比原子裂变更具有神威的原因了。

“那现在有哪些国家在研究这种可怕的武器？”小龙崎问道。

龙叔叔说：“据国外报刊披露，美国很早就开始投入巨资研究基因武器，位于美国马里兰州的美国军事医学研究所是美国的基因武器研究中心。他们正在研究在普通酿酒菌中接入一种曾在非洲和中东引发可怕的裂谷热的基因，使酿酒菌可以传播裂谷热。有报道说，那里的研究人员已经研制出一些具有实战价值的基因武器。据悉，美国已经完成具有抗四环素作用的金色葡萄球菌基因的拼接，培养出抗多种抗菌素的新型大肠杆菌。

“俄罗斯也早就开始着手研究眼镜蛇毒素基因与流感病毒基因的拼接，试图培育出含有眼镜蛇毒素的新型流感病毒。如果人们受到这种新病毒的袭击，不仅会出现流感症状，而且还会出现蛇毒中毒症状，进而导致瘫痪和死亡。1979 年 4 月 3 日，俄罗斯叶卡捷琳堡州市西南部一个生物武器基地发生爆炸，逸出了大量的炭疽杆菌。尽管政府采取了极其严密的防护、急救措施，结果仍引起炭疽病流行，死亡 1000 余人。

“可见，基因武器的杀伤是一打一大片，一杀一条线，遗患无穷。因此，有人称基因武器是‘世界末日武器’。它的研制、发展和使用，将对人类安全构成极大的威胁。”

不可不知的事

基因武器无可比拟的“优势”

与其他大规模杀伤性武器相比，基因武器无疑具有许多无可比拟的“优势”。首先是成本低，便于大规模研制。用同样投入生产的基因武器，其杀伤力甚至大大超过核武器。据估算，用 5000 万美元制造的基因武器，其杀伤力将远远超过用 50 亿美元制造的核武器。据悉，美国曾利用细胞中 DNA 的生物催化作用，把一种病毒的 DNA 分离出来，再与另一种病毒的 DNA 结合，拼接成一种剧毒的“热毒素”基因毒剂。只需 20 克这种毒剂，就可使全球 60 亿人死于一旦。其次，基因武器使用非常方便，可以用普通火炮、军舰、飞机、气球或导弹施放，投在敌方的江河湖泊、交通要道和人口密集的城市均可。

3 克隆带来的惊恐

这天，小龙崎去叔叔龙博士的办公室复印学习材料，只见龙博士把要复印的材料放在复印机上，一模一样的复制品就从另一边出来了。小龙崎赞叹地说：“龙叔叔，这复印机真是太方便了！如果有一天，小动物也能这么复印就好了！”

龙叔叔说：“其实，动物早就可以‘复印’了。1997 年 2 月，英国一个科研小组宣布利用‘克隆’无性繁殖技术成功地复制了一只成年绵羊‘多莉’。这一新闻仿如原子弹爆炸，在全球引起强烈反响。1997 年 3 月美国科学家宣布用另一种技术也克隆出两只恒河猴，一时间，地球上出现了克隆羊、克隆猪……”

小龙崎很惊奇，问：“‘克隆’是什么意思呢？为什么‘多莉’的出现会引起巨大的反响呢？”

简单地说，克隆就是无性繁殖。我们把柳枝插入泥土，柳枝就会发芽，长出新的植株，这是植物的无性繁殖。而“多莉”是动物的无性繁殖。哺乳动物的克隆技术是 20 世纪 80 年代之后才兴起的生物高新技术。不过在英国克隆绵羊“多莉”之前，所有的克隆动物（包括美国的克隆猕猴）都是利用有性生殖得到的胚胎进行无性繁殖，这样制造出的下一代的“克隆”动物，不能与其亲代完全一样。而“多莉”则是用亲代的体细胞核进行同代复制，子代与亲代一模一样，因此“多莉”的出现是细胞核移植技术的一个重大飞跃。人们可以利用这项技术来大量复制良种动物，也可以用来复制濒危的珍稀动物。

小龙崎问道：“克隆技术有这么大的作用，这不是很好吗？”

龙叔叔说：“确实，这是一项伟大的生物工程学成果，但是‘克隆’繁殖法从理论上来说也可以应用于人类，这就必然带来医学、法律学、伦理道德学等一系列的问题。有人设想，如果一位母亲克隆出一个胚胎移植到女儿体内并生下一个女孩，那么这个克隆婴儿究竟该算作这位母亲的姐妹呢，还是她的外孙女呢？她的女儿同克隆人又是什么关系呢？

“因此说，克隆技术打破了传统的生育观念和生育模式，使生育与男女结婚紧密联系的传统模式发生改变，降低了自然生殖过程在夫妇中的重要性，可能使人伦关系发生混乱乃至颠倒，进而冲击传统的家庭观以及权利与义务观。

“另外，有人担心克隆技术被别有用心的人掌握，用来克隆出一批希特勒式的战争狂人，或是复制一批怪物。

“还有人担忧克隆技术会再度激发‘优生思潮’。希特勒在二战期间曾提出‘优生’理论，他认为日耳曼民族是优等民族，而其他民族是劣等民族。如果承认这一点，就意味着承认人在遗传上有优劣之分，这就违背了人人平等的公认原则。此外，生物需要多样性，人类也需要多样性。如果人类都‘优生’成理想之人，很可能一种新的病毒就能使全人类遭受灭顶之灾。例如，英国患疯牛病的牛就是精心培育的所谓好牛，但它们对疯牛病毫无抵抗力，倒是一种土牛能抵御疯牛病，挽救了英国的畜牧业。

“鉴于以上担心，美国总统克林顿曾下令，让美国‘生物伦理咨询委员会’在3个月内向他递交一份报告，以评估这一科学成果在伦理道德领域内可能带来的影响和后果。”

小龙崎笑着说：“也难怪克林顿会着急，如果有一天，有十个八个被‘复制’出的克林顿在美国街上走，那岂不乱了套？”

不可不知的事

支持克隆人的声音

与上述观点持相反态度的人则认为：克隆人虽然带来了人伦的复杂性，但伦理学家应该有能力解决这个问题。因为以前的试管婴儿已经带来了遗传母亲和孕育母亲以及遗传父亲和养育父亲的复杂性。但从1978年9月英国第一例试管婴儿路易·布朗诞生以来，已有上千万个试管婴儿诞生，但并没有出现对社会发展造成严重障碍的伦理纠纷。另外，有人认为，克隆技术充其量也只能制造出一种类似的复制品，绝对不可能复原出对供核蓝本各个方面模仿得都惟妙惟肖的人体，因为最初的核外环境的差异，以及子宫内和整个母体的环境和生理条件等，都影响着发育中的克隆体。此外，出生后的克隆人还要受到社会的影响。德国之所以出现希特勒，这既和当时德国的内部情况有关，也和二战前的国际经济和政治环境有关，这些都是为历史所证明了的。

4 试管婴儿带来的隐患

一天，小龙崎偶然看到电视上正在放映一部美国影片《谁是母亲》。于是，他问坐在沙发上的龙博士："龙叔叔，这个电影讲的是什么故事？"

龙叔叔说："这是一部富有情感、充满争议的纪实故事片：一对科学工作者夫妇，为了免去怀孕、分娩带来的对事业的种种不便，毅然决定要一个试管婴儿。他们通过医院请一位妇女孕育他们的受精卵，生下了一个可爱的婴儿，但随之而来的却是两位'母亲'争夺孩子监护权的问题……"

"试管婴儿？什么是试管婴儿？"小龙崎好奇地问道。

试管婴儿技术，在医学上被称为"体外受精联合胚胎移植技术"。它是指分别将卵子与精子取出后，在体外（培养皿中）使其受精，当受精卵发育成胚胎后，再植回母体子宫内，让它在那里着床生长并最终娩出。1978 年 7 月 25 日深夜，世界上第一例试管婴儿在英国的奥尔德姆市医院诞生了，她的名字叫路易丝·布朗。她是英国科学家斯特普顿和爱德华兹十余年艰苦探索的结晶。

试管婴儿的诞生标志着人类对自身生殖过程的认识和控制有了一个质的飞跃，它给许许多

多因为患病而不能生育的夫妇带来了希望，是现代医学史上的一大奇迹。

近年来，随着科学技术的不断完善，试管婴儿技术的适应范围不断扩大，世界各地诞生的试管婴儿也迅速增加也给学者们带来很大的困惑。

学者们担心的首先是试管婴儿的增多，会不会影响人类的性别平衡。随着技术的进步，人们将有可能在将胚胎移入母体前鉴别其性别，从而使试管婴儿具有人为性别选择性。当然，这样做对于性染色体伴性遗传病的防治有好处。如血友病等，可选择生出不表现病状的女孩。然而这种选择如果被滥用，则会出现人为选择性别而最终导致性别平衡被打破的后果。据报道，在日本医师会举行的一次生命伦理讨论会上，人们作出规定，这种性别选择仅限于与性别有关的遗传病。

而且，借腹怀胎术的出现，已造成了一些纠缠不清的官司，向法学界提出了新课题。在发达国家，一些想要孩子又不想忍受怀孕、分娩苦楚的夫妇，把自己的精子和卵子取出在体外受精，然后把胚胎移植到花钱雇来的妇女的子宫中，由其代孕代生。在美国这种借腹怀胎日益盛行，但是也出现了婴儿归属的法律纠纷。有的代孕母亲对婴儿产生了感情，不愿把孩子交还给其遗传学上的父母，于是双方诉诸法庭。另外，由人代孕的胎儿出现较高的畸胎率，于是又出现了双方均拒收畸形婴儿的事故。这确是现代生物技术向人类传统伦理和法律提出的又一课题。

不可不知的事

中国大陆第一个试管婴儿

1988年3月10日上午，北京医科大学附属第三医院妇产科手术室内，担任主刀的67岁的女教授张丽珠熟练地把手伸进一位剖宫产妇的子宫内，托出了一个胖乎乎的女婴。“哇……”，一阵响亮的哭声充满了手术室。中国大陆第一个试管婴儿诞生了！各大新闻媒体迅速把这个不寻常的女婴的名字——郑萌珠传遍世界。人们第一次感受到现代生物技术在人类身上创造的奇迹竟然近在咫尺，一时间试管婴儿成了热门话题。

5 毁誉不一的“兽育人胎”

听龙叔叔讲解了试管婴儿的事情，小龙崎忽发奇想，问：“龙叔叔，既然受精卵可以再植回母体子宫内生长，那在动物体子宫内能生长发育吗？借用动物之腹能孕育人类婴儿吗？”

龙叔叔挠了挠头，说：“你这个问题提得很前卫，还真有人这么试验过。”

“啊？真有这样的事情呀？那您快给我说说吧！”小龙崎摇着龙叔叔的胳膊说。

位于莫斯科郊外的绿树丛中掩盖着一所高级研究所，那别致精巧的仪器布满了整个实验室，给人一种神秘莫测的感觉。一位身穿白大褂的博士和他的同伴科学家，正在聚精会神地试验一项惊天动地的奇怪科研项目，经过五年多的艰苦努力，终于取得成功：让猩猩生育人类。据参加该实验的科学家透露，他们是这样进行实验的：第一步，在试管中，先将人类的卵子及精子受精，这个方法现今比较普遍，也就是一般试管婴儿的方法。第二步，受精后的卵子成长到一定的程度后，植入成年雌性猩猩的子宫内，这是利用手术来进行的。第三步，进入子宫内的受精卵，也与人类的胎儿一样，依赖猩猩的脐带来获得营养，得以成长。第四步，九个月后，猩猩产出婴儿，这个婴儿是“百分之百的人类婴儿”。

这个惊人的消息在美国一家杂志中首先报道后，使世界上有关专家、学者和科研人员瞠目结舌，有相信的，有怀疑的，有赞同的，也有表示反对的，一时间成为论战的中心话题。有人称赞这种实验对生命科学的研究意义重大，还可以消除由人作代孕母亲所带来的法律及道德问题，是另辟蹊径的创造性工作；有人谴责进行这种实验是漠视生命伦理，践踏生命尊严。

无独有偶，新加坡的《联合晚报》也报道了遗传学家让母牛和母羊替人类怀胎的消息：遗传工程学家贺尔特正率领一个研究小组进行实验，他说：“没有什么充分的理由反对利用牛、羊等牲畜为人类代孕。”还说：“若将健康的人类胚胎适当地移植到这些动物的子宫内，将来所生产的婴儿应该完全正常。”他表示无意用这种方法完全代替人类代孕母亲的方法，但至少可以提供给人们一种新的选择。

“这会带来不少的问题吧？”小龙崎问。

龙叔叔说：“是呀。这类借用动物之腹来孕育人类婴儿的实验，虽然说与传统的生命观念格格不入，但诞生的毕竟是人类婴儿。‘借腹’之前，人的精子与卵子已经结合，这就决定了新生命无疑是人的生命，出生的婴儿属于‘人’，这一点绝无法律上的争议。需要考虑的问题主要有两个方面：一是心理上的，即以这种方式诞生的婴儿长大后，周围的人是否会嘲笑他（她）、歧视他（她），使他（她）不得不痛苦地承受巨大的心理压力？当然，这个问题似乎可以通过观念的改变和保密措施来解决。二是生理上的，即兽腹孕育将会使新生命产生怎样的变异？对此目前还无法预测。”

不可不知的事

类人猿是我们的“远房兄弟”

目前，类人猿有四种：黑猩猩、大猩猩、猩猩和长臂猿。当你在动物园猩猩馆见到它们时，马上会有这种印象：它们和人长得多像呀！确实，它们坐立、伸展、躺下和攀爬的姿势和我们人类十分相像，它们喜怒哀乐的表情和人也几乎一个模样：烦恼时也会皱眉，有疑问时会搔头，不如意时也会像人一样大发脾气。只是它们尖嘴猴腮，浑身长毛罢了。

科学家经过研究，发现类人猿具有和人相似的血型，它们的血浆蛋白、脱氧核糖核酸分子等的构造和人很接近，遗传物质——染色体的数目和人差别也很小。对化石的研究更进一步证明，在一两千万年前，类人猿和人有一个共同的老祖宗，它们像是同一棵树上的两个杈，只是后来由于环境的变化，其中一支下地行走，参加劳动，最后进化为“万物之灵”的人类。因此，从某种意义上来说，我们可以称类人猿为“远房兄弟”。

6 可怕的“人兽交合”实验

听龙叔叔说完“兽育人胎”的实验，小龙崎惊讶不已，到图书馆又查了好几天资料。一天，龙叔叔看他又在看这方面的书，就对小龙崎说：“其实，与‘兽育人胎’相比，‘人兽交合’或变相‘人兽交合’制造‘混种’，则实在令人难以接受，所涉及的问题也更尖锐、更复杂。”

“‘人兽交合’？那会出现什么怪物？真的有人在进行这种实验吗？”小龙崎更加吃惊了。

据报道，澳大利亚珀斯东部某牧场，曾发生过这样一起误将人类精子输给绵羊而导致变相“人兽交合”的事件。

牧场主人米尔顿和埃琳娜·弗劳利老夫妇，结婚三十多年，一直未能生育，感到很遗憾。有一次，弗劳利夫妇请来美国动物人工受孕公司的工作人员替他们所养的绵羊进行人工繁殖。后来，他们发现其中一只怀孕的绵羊腹部异乎寻常的大，到生产时表现得异常痛苦。老夫妇急忙向兽医布鲁斯·伦斯摩尔求助。在兽医的助产之下，首先看到一个人类婴儿的头钻出来，三个人简直不敢相信自己的眼睛。过了一会儿，婴儿诞生，竟“哇”的一声哭了起来。三个人坐在牧场上，你看着我，我看着你，百思不得其解：“绵羊生人婴，怎么可能呢？”

科学上唯一的解释是：母羊在接受人工受孕的过程中，误输进了人类精子，变相的“人兽交合”使绵羊怀了“人胎”而生下男婴。这个见诸报端的事件，本身是否真实，我们不得而知，但有关“人兽交合”的科学实验，却早已有人进行。

《伦敦快报》曾报道，在美洲，有人进行着一项秘密实验，试图用从黑猩猩体内取出的卵子跟人类的精子在试管里结合，从而培育出一种非人非猿的怪物。

透露这个惊人秘密的是意大利佛罗伦萨大学的遗传学教授查利里博士。他对记者说：“进行这样的实验，从技术上来说，是毫无困难的，我知道这件事已经在进行。”他指出：“如果那个胎儿出生，必然是半人半兽的怪物。我们应该明白，制造新的人类是非常荒谬的，尤其是没有目的就着手做这种实验，就更加荒谬。”然而，他却不肯说出他是怎样获知这个消息的，以及是什么人在什么地方进行着这种实验。

还有人说，前苏联科学家早已在进行这种实验了。有人提出警告，这种新的人种肯定不易控制，他们很容易发生暴动，并且可能制造恐怖。而且，这种非人非兽的混种会带来许多非常棘手的伦理、法律和社会问题。是承认他（她）是人呢，还是兽？这个问题恐怕一时是无法解决的。

“真是太不可思议了！如果有一天这些‘人怪’从实验室里跑出来，有谁控制得了它们呢？”小龙崎问道。

龙叔叔说：“科学技术发展到今天的水平，用人工方法生产‘科学怪胎’和‘半人半兽’，已不再是科幻作家的专利了。以现在不少国家的科技力量，已足够制造出形形色色的怪物。但是，这涉及伦理、道德和法律的一系列难题，一些国家已开始进行有关的立法工作，并作出相应的法律规定。”

不可不知的事

青猴生人

在我国四川省大巴山区的巫山县，流传过该县一农村妇女与大青猴生育了一男婴的奇事。那是1938年7月的一天，当时，这位只有21岁左右的妇女，给正在原始森林中砍柴的丈夫送饭，不料途中遇到一群小猴子，为首的是一个体型高大的雄性老青猴。老青猴背起这位妇女，穿过浓密的森林和悬崖绝壁，钻进了一个山洞。这位妇女想逃出山洞，无奈被一群小猴子扯住了衣服，无法脱身，那青猴甚至连睡觉时也抓住她的衣服不放。就这样，她在山洞里住了20多天。而等她找到机会跑出山洞时，已经怀孕了。1939年4月，她生下了一个相貌奇特的男婴。他的外形非常像猴子，因而人们都叫他“猴娃”。

7 令人惊悚的换头术

在清代蒲松龄所著的《聊斋志异》中，小龙崎看到这么一则故事：有一名姓朱的书生，结识了阴间姓陆的判官。朱生的妻子五官长得不漂亮，陆判官就将一个死去的美女的头换在朱生的妻子的身上，使朱生的妻子也有了花容月貌。

小龙崎很惊奇，就去问龙博士："龙叔叔，'换头术'真的可以像故事里说的那样做到吗？"

龙叔叔看了看小龙崎手里的书，说："《聊斋志异》是一部专门描写鬼狐的小说，所说的事当然不会是真的。但是，随着现代医学技术的发展，心脏、肾脏等重要器官已能移植，科学家们对'换头术'也进行了研究。"

早在20世纪70年代，美国的罗伯特·荷华博士提出了一个惊人的设想：移植人头。尽管他有一整套详尽的设计方案，许多人仍以为他"发疯了"。

在嘲笑声中，罗伯特在老鼠身上先行试验，反复几次，终于使移植的老鼠头成活。但是，移植的鼠头只会摇晃。后来他又在老鼠原来的头旁再移植一个头，使之成为双头鼠。成功后，他又试验双头狗，效果也很好。接着，他又移植猴头成功。1987年7月，许多报刊对此作了报道，并刊登了照片。据说，接受换头的猴子一切正常，它不但能保持原有的听觉、视觉能力，而且还能正常思考。

早在1959年，我国哈尔滨医科大学的赵士杰等8人就移植过狗头，移植的狗头还曾活了 5 天零 4 个小时。

最惊人的报道则是在 1991 年，当时苏联一位外科医生向一家医学杂志透露：他们在 5 年前，在经过 33 个小时的紧张手术后，成功地将一名癌症病人的头移植到一位被处决的罪犯的身躯上。那位病人在手术后活了 3 年。他保持了患癌前的记忆和性格，但继承了罪犯左手做事的习惯。他后因心脏病去世——移植前没有发现那罪犯已患有心脏病。

类似的“换头”报道还有一些。不过，因为怕引起社会公愤或恐慌，换头都是秘密进行的，因而这样那样的报道也就真假难辨。我国有的脑外科专家则认为：目前的科学水平还无法解决人的换头问题。

小龙崎又问道：“既然这样，为什么要进行换头的研究呢？”

龙叔叔说：“目前，与中枢神经系统有关的病症达 650 多种。如在美国，患者就达 4800 万人。颅脑损伤、帕金森病、慢性舞蹈病、肿瘤等都是。这类病人有的可能需要部分或全部移植大脑，有的则需要移植头颅。

“据说，在战场上或工厂里因伤头、伤身而无法救治的人，通过换头、换体术可以使 1/2 或 1/3 的人重新获得生命；通过换头，也可以使痴傻者换上一个好脑袋，以便度过美好的一生。

“然而，如果换头成功，必将带来一

系列的问题。且不说‘两性人’会有的烦恼，即使是同性头颅移植，那他究竟随‘头’姓还是随‘身’姓，或者作为一个新人出现在社会上？他与原先‘头’‘身’的家庭关系如何？由此引起的道德和法律问题显然相当棘手。所以，人们普遍认为移植人头是不人道的，因而坚决反对这样做。”

不可不知的事

人脑是生命的总司令部

在人的社会活动中，涉及脑袋的事情实在是太多了。因为脑袋是人体的神经中枢，是生命的总司令部，是人体生命活动和社会活动过程中一切信息的储存和发布中心。一个人失去一双手或一双腿完全可以继续生存。现代医学不但有人造假肢代替手脚，而且还有其他各种几乎可以以假乱真的人造器官，如人造骨、人工肺、人造肾脏、人工心脏、人造血管等。因此，即使人体内某个内脏出毛病，也可以通过器官移植或填补某些人造“人体零件”，使人继续生存。遗憾的是，现在世界上还没有人造头，如果不移植人头，一个人丢掉了脑袋便失去了一切——也没有了生命。

8 是药三分毒

这天，小龙崎不知道吃了什么东西，一晚上跑了好几趟厕所。龙叔叔给他吃了一片止泻药，小龙崎感觉好多了，他还想再吃一片，可是龙叔叔不同意。小龙崎边喝水边说：“药物能消除人们的痛苦，使人变得健康，真是好东西！再吃一片又有什么关系？”

龙叔叔坐下来说：“中国古人一直认为，是药三分毒。有些药物会通过漫长时间的积累，在人体内沉淀，逐渐伤害身体的各个器官，最终引发死亡。现实生活中确实有这样的例子。”

“真的会这样吗？龙叔叔，您快给我详细说说吧！”小龙崎着急地说道。

目前，医学的发展已经进入了较为高级的阶段，我们研制的药品特别是化学合成药物几乎已经成为无所不能的利器。然而，在相当长的一段时间内，我们并不清楚，它们之中的绝大部分对人体具有相当大的毒副作用。例如，曾经一度被广泛应用的阿司匹林就是毒副作用比较大的一种化学物品，近年来对它的使用医学上也作出了严格规定。

另外，还有一些药物打着治病的名义，却在做伤害人身体的事。有的不但直接导致个体受伤害，而且还会遗传给后代。反应停就是这样令人毛骨悚然的药物。

1959年12月，在德国的妇产科医院里，医生们发现了奇怪的畸形女婴：她没有胳膊和大腿，只剩下手和脚直接连在身体上，从外形上看像海豹的肢体。后来医生们又陆陆续续发现了很多例这种像海豹的畸形儿。在这些畸形儿中，病情较轻的还有手和脚，严重的甚至什么都没有，并且形状看起来很怪异，十分恐怖。截至1963年，在德国、日本、荷兰等国共诞生了1.2万多名这种像海豹的畸形儿，引起了社会的极大恐慌。这种现象不但降低了人口素质，而且还深深地打击了无数幸福的家庭。天下的父母都想有一个健康的宝宝，这样不幸的事情无论是对孩子还是家长来说都是一场灾难。

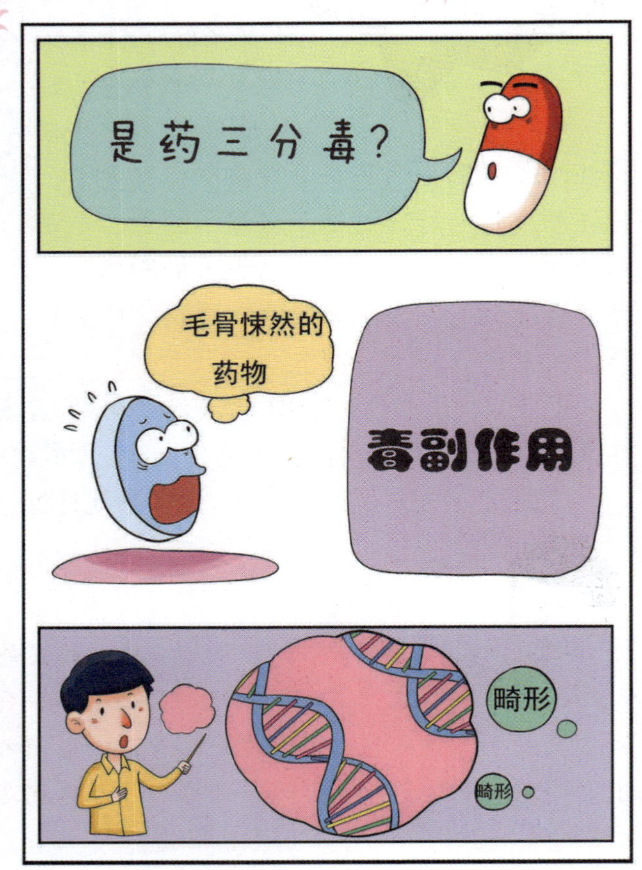

当时西方很多国家都有畸形婴儿，可是人们发现，美国却没有，这是因为美国官方当时限制了一种德国生产的药物——反应停。反应停于20世纪五六十年代初期在全世界广泛使用，这种药物能有效阻止女性怀孕早期的呕吐等不适症状，相继在51个国家获得销售许可。由于美国官方觉得这种药物的关键数据不全，因此驳回了它的申请，没有引进，从而避免了这场20世纪最不幸的药物致畸灾难。

小龙崎听到这里，说：“出现这样的

畸形婴儿，真是太可怕了！”

龙叔叔接着说：“不过，导致畸形儿并不是这种药物最可怕的地方，最可怕的是它还能够将破坏的基因代代相传。也就是说，如果父母中有人是畸形，那么生下的后代也会是畸形。虽然反应停已经被禁用几十年，可是世界上仍有‘海豹婴儿’出现。在德国、日本也都出现反应停的第二代受害者，他们都是因自己的奶奶几十年前不慎服用反应停而天生残疾的。”

不可不知的事

反应停与“海豹畸形儿”

医生们为了确定是药物反应停导致婴儿畸形，于是对数十种不同的动物进行致畸试验。他们给老鼠、兔子、母猴分别注射了反应停，最后发现老鼠对这种药物不敏感，而家兔有与婴儿类似的缺肢和短肢畸形。在敏感期的母猴注射反应停之后，则百分之百生出了“海豹畸形儿”。科学家深入研究后还发现，反应停对胚胎的毒害有明显的时间期。在敏感期，即受孕的前36天使用，会引起胎儿不同程度的畸形；如果在受孕的36天后使用，则不会有这种情况发生。另外，这种药物本身并没有毒，只是它会限制细胞的复制，破坏基因上的生命密码，使婴儿手脚的形成过程受限，其结果就是产生了“海豹畸形儿”。

9 高科技成了误诊的帮凶

这天，小龙崎打球时不小心摔倒了，龙博士带他去医院检查胳膊是否骨折了。不一会儿，片子出来了，排除了骨折的可能。小龙崎说："现在的科学技术这么发达，看病也比过去简单、准确了。"

龙叔叔拿着片子说："现在，一些先进的技术应用于诊疗实践，如超声波、核磁共振成像、光谱分析、胃肠造影、基因诊断和治疗等等，它们的确显示出了非凡的才能和本领。然而，如果临床上过分依赖或完全依赖这些技术，误诊误治便会随之出现，悲剧也就在所难免。"

"怎么会这样呢？"小龙崎有些不明白。

一般人们都以为，先进诊疗技术的发展并引进医疗领域，可以更有效地诊断和治疗疾病。然而，临床上的一些统计资料表明，事实正相反。20 世纪五六十年代，上海、北京、天津等地医院的误诊率大约为 25%。然而到了 20 世纪七八十年代，先进科学技术全面引进医疗领域后，误诊率反而上升了。四川华西医科大学的一组临床统计最为发人深省。对 5312 例尸体解剖表明，20 世纪 50 年代的误诊率为 28.7%，60 年代为 29.1%，70 年代为 36.7%，80 年代为 32.5%。这其中，CT 就起到了一定的误导作用。

就CT本身而言，它自身就有不可靠的地方。根据美国一些病理专家的统计，CT诊断出的假阴性率高达13.9%。也就是说，通过CT检查的100个病人中，会有约14人被CT说成是无病，如果医生完全相信CT的判断，那么100个病人中就有14位病人会惨遭不幸。更何况CT不仅有假阴性，而且还会有假阳性。如果加上假阳性，CT的误诊率会更高。

有相当高技术水准的医院——北京医院就出现过过分相信CT而发生的悲剧。一位刚离休的60岁的老干部因为面色突然发黄并伴有恶心呕吐而住进医院。在此之前，他在家人的陪伴下已经到过北京的四家医院作过检查。这些医院有的诊断为肝炎，有的诊断为胰头癌。进入这家市中心医院时，医生又对病人作了详细而全面的检查。B超、肝扫描、胃十二指肠镜、胰胆管造影、CT复查等多种先进诊断技术都显示病人可能患的是胰头癌。所有参与诊断的医生均认为是胰头癌，所有疾病征兆和技术检查也都显示为只有胰头癌才会表现出这样的症状。随后，病人出现消化道大出血，外科大夫会诊的一致结论是胰头癌广泛转移，不能手术。第二天，病人出现偏瘫，随后昏迷，又经神经科诊断为胰头癌颅内转移，当天死亡。

病人死亡后，家属同意尸体解剖。而尸检结果却令所有人大吃一惊。尸体内没有一处地方发现有肿瘤。病理解剖发现死者十二指肠后壁有一个小口，往底部深入下去是一个较宽较深的溃疡面，而且溃疡已延及胰头并引起了严重炎症。

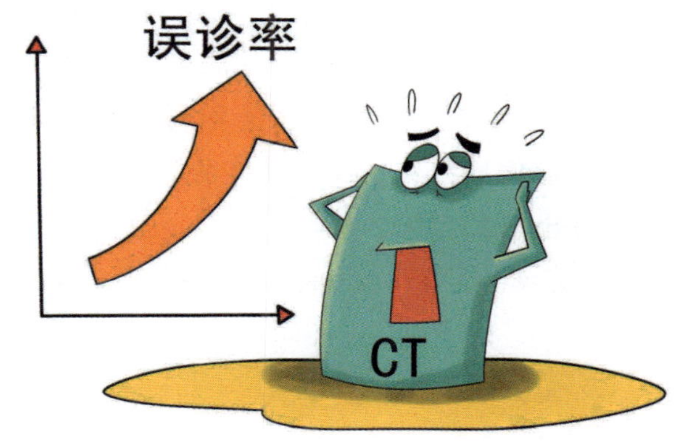

小龙崎问：“既然是十二指肠溃疡祸及胰头引起炎症，为什么包括CT在内的所有先进技术都显示出胰头癌的症状？所有医生都诊断为胰头癌并按胰头癌进行治疗呢？”

龙叔叔说：“这都是因为相信了CT的诊断结果，病人因误诊而死亡。当然这个问题也可以这样来理解：CT对各种原因引起的胰脏或其他器官的发炎肿大和癌症的肿大只能显示为相同或相似的影像，如果过分相信CT的影像结果而不加区分或作进一步的检查，误诊误治就不可避免地会发生。”

不可不知的事

“电脑”医生来诊断

在美国，医院和医科大学已经广泛使用电脑教学并诊治疾病。例如，在犹他大学，医生和电脑工程师开发的软件独领风骚。在诊断疾病时，医生将患者的性别、年龄、症状等输入电脑，电脑显示屏提出一系列问题，医生对一个个问题作出回答，之后电脑就会作出诊断。这种软件可对1000多种疾病作出诊断并能判断1500多种症状。由此，有人认为，人总有疲倦的时候，而电脑永无疲倦之日，因此电脑在将来必将代替人脑。其实，这是不可能的。无论电脑技术发展到何种程度，电脑也永远不可能代替人脑，因为最终的诊断还是要由人来作出。如果一味地依靠电脑，我们还会付出血的代价。

10 器官移植的两难

隔壁的王大爷得了重病，小龙崎听人说要进行器官移植。回到家，小龙崎就问龙博士："龙叔叔，什么是器官移植？"

龙叔叔说："器官移植就是从供体身上摘取器官，移植到受体身上的医学技术。自 1954 年默里首创肾脏移植手术后，至今全世界的器官移植手术已经达到 30 多万例。移植的器官有心、肝、肺、脾、肾、胰、大肠、骨髓、眼角膜等。据报道，因车祸去世的英国王妃戴安娜在弥留之际用极微弱的声音表示要捐赠器官，她的这一决定使不同国家的 8 个人获得了新生。"

"这样看来，器官移植是一件好事啊！"小龙崎说。

龙叔叔扶了一下眼镜说："但是器官移植也存在一些不容忽视的难题。"

"什么难题？"小龙崎的好奇心又来了。

第一个难题是死亡的标准问题。各种器官允许缺氧的时间都很短暂，如心脏保持活体时间仅为 5～10 分钟，肝脏为 15 分钟。因此，如果以传统的心死亡（心脏停止跳动）和肺死亡（呼吸停止）

为死亡标准，器官移植成功的可能性就很小。而如果以脑死亡为死亡标准，则可从“有心跳的死者”身上摘除脏器，成功的可能性就大大提高了。目前，已经有很多国家如美国、英国、法国等，从法律上确定了脑死亡为死亡诊断标准。但是，这样一来就出现了两个问题：一是脑死亡标准是否可取，尚有不同意见的争论，有的人根本不认可这一标准。如1972年美国弗吉尼亚州的一家医院依据脑死亡标准，立即取走了一名死者的心脏，死者家属控告医生犯了谋杀罪。二是脑死亡的断定。即使承认脑死亡标准，其判定也比较复杂，难以完全排除因判断失误而使没有达到脑死亡标准的人失去生命，也难以排除医生为了获得器官而提前宣布某个愿意捐赠器官的病人脑死亡。虽然这种情况极少，但也未必不会发生。

第二个难题是动物器官的使用问题。由于可以供移植用的人体器官严重不足且价格昂贵，因此人们开始使用动物器官进行移植。且不说使用动物器官是否因伤害了动物而引起动物保护主义者的反对，也不说使用动物器官是否因损害了人的尊严而引起宗教界或其他一些人权主义者的反对，仅就把动物器官移植到人体上所可能引起的实际后果讲，也有以下几个问题需要解决。

首先安全性问题。1992年，美国加利福尼亚大学医学院的大夫尝试把猴子的肝脏移植给一个女孩，尽管手术很成功，但由于免疫排异反应，女孩只存活了几个月。为了解决免疫排异反应的问题，有些科学家研究把人的一些基因转植到动物身上，这就是转基因动物。但转基因动物在解决了排异反应之后，又可能隐含着其他一些不安全因素。因此，一些国家已宣布暂缓用转基因猪的器官供人作移植。其次，还有一些其他的安全隐患。如用目前的技术还无法鉴定动物体内的某些特有的病原体，也无法把动物体内的多种病原体过滤干净。虽然这些病原体对动物无害，但如果对人有严重危害，那么移植这些动物的器官将可能造成一场在人类身上传播动物病毒的大灾难。

不可不知的事

扁鹊实施换心术

据古文献《列子·汤问》记载，医生扁鹊给鲁国的公扈和赵国的齐婴治好病后说："你们俩都患有一种与生俱来的疾病，随着你们身体的生长，越来越严重。不如我现在就给你们治疗，你们觉得如何？"二人都非常诧异，忙问道："我们倒想先听一听这是什么样的病。"扁鹊说："公扈的自我意志强，可是勇气不足，因此虽然足智多谋，但优柔寡断；齐婴的自我意志弱，可是有勇气，因此虽然不善于出谋划策，但独断专行。如果能把你俩的心交换一下，那你们两个人就都很完善了。"二人一听天下有如此奇妙之事，便欣然应允。于是扁鹊就让他们喝下麻醉药酒，公扈和齐婴昏迷了三天。在他们处于麻醉状态时，扁鹊给他们俩更换了心脏。术后二人健康如初，便辞别神医扁鹊，各自回家。因为心已换，后来还引起了家人的误会。

当然，这只是借用神医扁鹊的名义杜撰的寓言故事，其实是用换心术来打比方，说明每个人都各有所长，要相互学习，取长补短，一个人就会逐渐趋向完美。

11 基因重组：失控的危险

一天晚上，小龙崎和龙博士一起看电影《侏罗纪公园》。从影院回来的路上，小龙崎非常兴奋，仍然沉浸在电影的情节里。

“龙叔叔，人真的有这么神奇吗？利用恐龙的基因组就能培育出古代的恐龙？”小龙崎好奇地问道。

“虽然说这是一部科幻电影，但并不是现实生活中完全不可能发生的事。从20世纪70年代开始，发展出一种新的技术，使人们可以创造出新的物种。”龙叔叔颇为神秘地对小龙崎说。

“咿，这是什么技术，居然这么神奇？”小龙崎更好奇了。

龙叔叔看着好奇的小龙崎，笑着说：“这是基因工程。基因工程是一门新学科、新技术，用一句话说，就是利用基因拼接、重组技术创造新的物种。”

“基因工程对我们有利还是有害呢？”小龙崎瞪着大眼睛问道。

基因，是指生物体携带和传递遗传信息的基本单位。简单地讲，基因就是生物细胞核中的遗传物质，即脱氧核糖核酸（DNA）。在某一种动物或植物中引入它所没有的外源性基因，可以使该动

物或植物的基因得到改良，这称为“转基因”。目前，转基因的用途主要有两种：第一种是用于医疗，如帮助解决在将动物器官移植给人的时候的免疫排异反应问题；第二种是用于食物，主要用于改良动植物的产量与质量。如今，转基因食品在美国、日本、以色列等国已经进入市场。前不久，国内的媒体报道了我国有六种转基因农产品获准上市。

转基因产品固然有其优越性，但人们也存在着诸多的疑虑。疑虑之一是使用转基因产品是否有害或有副作用。人们发现人食用转基因食品有可能存在过敏现象。2008年，英国罗伊特研究所一项研究结果表明，幼鼠食用转基因土豆可使免疫系统和内脏受损。人们自然想到对人可能也会有同样的伤害。美国伦理和毒性中心的研究证明，与一般大豆相比，在耐除草剂的转基因大豆中，防癌成分异黄酮减少了。

疑虑之二是转基因产品对动植物有何影响。丹麦一些科学家对油菜作了基因改良，目的是给油菜引入一种抗除草剂基因。但他们在实验获得成功后不久，发现邻近的杂草体内也出现了抗除草剂基因，原来油菜把人强加给它的基因扩散到周围的植物中去了。

疑虑之三是转基因产品对环境是否有危害。根据有关报道，转基因玉米可能因为不能区别害虫和益虫，会滥杀无辜，危及环境。现在已经有转基因作物伤害蝴蝶和草蛉的报告。上面所说的油菜的抗除草剂基因已经传递到杂草中，结果由于杂草的生命力比庄稼强，所以农民反而种不上庄稼了。转基因生物对人和环境的危害还在于，一旦有害基因转移到其他动植物甚至人的体内，并在DNA中转录和表达，就不可避免地会遗传下去，造成难以逆转的后果。

听到这里，小龙崎又问："基因工程还有其他让人担忧的地方吗？"

龙叔叔说："对基因工程的一个更大的担忧，就是将人的基因与动物基因相结合所可能引起的后果。有人认为，将人的基因与动物基因相结合是对进化过程的一种倒退。如果因为基因重组失误或基因变异而产生半人半兽的怪物，那将是对人的尊严的严重挑战。基因工程如果运用不当，还可能引起人类自身无法对付的传染病。此外，有不少科学家担心，通过基因改造，可能把一些我们目前还不知道其有益之处的致病基因不可逆转地改造掉。例如，人们已经发现，体内携带镰状细胞贫血症基因的人对疟疾具有抵抗力，而导致膀胱纤维症的基因则可以让人不得霍乱。

"总之，不论是人还是动物，甚至植物，其生命体总是一个在长期的进化过程中形成并固定下来的各部分互相连接、互相制约的有机整体，如果人们把生命体当成机械的东西随意切割拆卸或拼凑组装，就难免导致生命体的失衡甚至崩溃。"

不可不知的事

基因也能被剪切、拼接？

科学家在微生物中发现一种特殊的酶，称为"DNA限制性内切酶"，像一类特别的剪刀，可以在各自特定的识别位点上将DNA切开。科学家还发现了另外一种酶，称为"DNA连接酶"，它类似于针线，可将不同的DNA片段连接起来。科学家将人们感兴趣的基因分离出来，将它与特定的载体相连。当然，所谓载体也是DNA序列，可以在细菌或细胞中进行传递。当基因与载体相连时，就可以随着载体进入细菌或细胞，并表达产生一定的功能。利用这种技术，可以使所需要的基因在细胞内表达，产生出人类所需要的物质，或创建新的生物类型。

12 基因探查：失落的尊严

前几天，小龙崎听博士龙叔叔讲了有关基因重组的事，他很好奇，自己到图书馆又查阅了相关资料。这天一放学，他就跑到龙叔叔的实验室，问道："龙叔叔，我看到很多资料上都说基因与疾病有很多关系，这是怎么回事呢？"

龙叔叔说："每一个基因都携带着遗传密码，有些疾病是由基因遗传获得的。反过来说，许多疾病或外界刺激会导致基因突变，人们可以利用基因技术、X光衍射技术和计算机技术，察看、分析基因的病变，然后再用基因剪接技术，从根本上治疗这种基因病，如血友病、不孕症等。"

"这样不就可以防患于未然、及早治疗了吗？为什么有的人还反对这么做呢？"小龙崎又问道。

随着基因研究的深入，科学家们发现某些疾病与基因缺陷有关，于是希望开展基因探查，以便尽早发现基因缺陷而进行有针对性的治疗。然而这种探查遇到了重重阻力，也给一些人带来了困惑。人们质疑，假如掌握了一个人遗传密码的医生，确诊一个现在20多岁的人50岁时会患一种致命的疾病，那么谁应该知道这个消息？这个被诊断出

几十年以后将患致命疾病的人将怎样度过余下的日子？如果某个孩子注定要夭折，是否意味着这个孩子将遭到社会的拒绝？这里具体牵涉到以下几个问题：

第一，病人知道了具有某种基因缺陷，并且知道这种缺陷会导致某种疾病，甚至是致命的疾病（如癌症），这无疑会给本人及其家人造成极大的心理压力，妨碍他们的正常工作和生活。

第二，他人知道了某人有基因缺陷，对于个人隐私是一种威胁。例如，人们发现精神病、同性恋等也都与某种基因缺陷有关，并发现犯罪与基因缺陷之间存在着统计学上的相关性，如果在基因探查中发现某人具有可能发生精神病、同性恋的基因缺陷，甚至具有所谓“犯罪基因”，这些人将如何在社会上立足？

第三，单位或雇主可能会因某人患有基因缺陷病而解雇他，使他难以获得自己本来有可能获得的职业。这当然不仅仅是假设。45岁的皮特是美国一家银行的职员，因在看病过程中，医生查出他的冠心病具有基因缺陷，不久他就因此而被银行老板辞退。目前，这样的事例并不是个例。如果将来基因检查得到普及，那么这种情况将会普遍发生。而且，这些人在升学、婚姻等方面也不可避免地会受到影响。

因此，基因探查可能会使人的隐私、尊严受到侵犯，影响人们的生活、工作，人们不得不慎重对待。

不可不知的事

人类基因组计划

要想知道基因是否病变，就要知道正确的基因密码是什么，知道健康的生命信息是什么。为此，联合国会同所有国家制定了一个宏大的人类基因组计划，想从根本上破译生命的奥秘。人类的基因是长达30亿个碱基对的长链，约含有10万个基因，它包括人类的全部遗传密码，是构造人类大厦的总设计图。人类基因组计划就是要对基因进行测序和基因绘图，这是一项堪称与20世纪60年代阿波罗登月相媲美的宏大工程，可见，人类与了解生命奥秘的距离，并不比了解宇宙边缘的距离近多少。这项工程一旦完成，就可以破译人类遗传的全部秘密，可探明3000多种遗传病的病因。这项计划与曼哈顿工程和阿波罗登月并称为“人类的三大计划”，被称为“生命科学的登月”，是一场世纪之战的开始。为此，各国都争先抢夺基因，一场没有硝烟的战争悄然开始。

三、网络信息时代的
梦魇

1 黑客：网上的“牛仔”

今天，在电视新闻上小龙崎看到一个新词——“黑客”。他问叔叔龙博士：“龙叔叔，‘黑客’是什么意思？”

龙叔叔喝了口水，说：“黑客，英文为Hacker，原意为‘砍’‘劈’‘开劈’‘劈出’等。中文译为‘黑客’，可谓音义兼顾，颇为传神。黑客是电脑和网络高手，他们会编复杂的计算机程序，能破译软件和网络密码。据此，他们能从网络中闯入戒备森严、密码重重的军事、金融、政府、商业和工业的电脑重地，如囊中取物般地偷得各种绝密材料和数据，还可以修改这些密码和数据。这些人的行为如果仅仅是恶作剧的话，在现实中还不会造成很大的损失；但是，如果存心搞破坏的话，就会给个人、集团和国家带来巨大的损失。”

“这些黑客真的有这么厉害吗？”小龙崎半信半疑地说。

凯文·米特尼克是美国一位有名的黑客。他是一位生性孤僻、成绩平平的少年。早在1978年，米特尼克第一次成功地破译电脑密码而闯进了他所在学校的电脑档案室数据管理库，这一成功使他欣喜若狂。不久，他又闯入了北美防空指挥中心系统。米特尼克和一位同伴闯入这一被誉为美国“一号敌人电脑库”的军事机密“重镇”，翻阅了所

有美国指向苏联及其盟国的核弹头数据资料，然后悄悄地溜了出来。接着，他频频闯入一些公司、军事部门和政府部门的电脑中心。摩托罗拉、富士通、诺基亚等世界著名公司的电脑库都是他常去“拜访”的地方。

1994年，米特尼克冲破严密的安全防护程序侵入圣迭戈超级计算机中心，复制了大量内容。据《纽约时报》1995年1月23日报道：“这次袭击使得互联网上的2000万台政府、商业、大学和家庭计算机面临被窥探、被盗窃的危险。”1995年，米特尼克被逮捕归案。好在米特尼克似乎只是为了恶作剧，并没有表现出明显的政治意图，否则，后果将不堪设想。洛杉矶《每日新闻》曾经报道说：“为了保卫国家的电脑系统，有关机构仔细研究了米特尼克案。一个像米特尼克这样的人可以在10分钟内颠覆全世界。”这也许并不是危言耸听。

还有一位大名鼎鼎的少年黑客是罗马尼亚的格林·马特亚什。1996年，马特亚什从进入美国宇航中心着手，频频闯入许多要害部门。美国国防部所在地五角大楼和美国空军司令部等绝密重地，都是他经常“光顾”的地方。他每次闯入这些军事重地都要修改一些文件和资料，并且跟这些部门开一些玩笑，挑逗和嘲笑他们。这类事件频频发生后，美国联邦调查局不得不出面立案调查和侦破。

“除了他们两人，还有其他的黑客吗？”小龙崎问。

龙叔叔说：“黑客当然不仅仅是上述两人。美国保密程度最高的电脑数据库之一——美国宇航中心的电脑中心在1996～1997年间曾多次被不同署名的黑客侵入并改写部分数据，以致有人认为美国宇航中心再也没有什么秘密可保了。1996年8月17日，美国司法部的主页被黑客闯入，并在网页上写下一些话表示反对某项限制因特网的法案。据五角大楼统计，已发现的国防部计算机系统受到的外来袭击，2002年为53次，2003年为115次，2004

年为 225 次，2005 年达到 559 次。而据美国国防信息局的估计，五角大楼的计算机系统受到的袭击实际上可能比这个数字多得多。他们估计，2005 年企图渗透到军事计算机网络系统中的行为多达 25 万次，其中有 65% 获得成功。美国每年由于外来袭击造成的经济损失达几千万至几亿美元。”

最后，龙叔叔担心地说：“随着信息全球化的进一步发展，社会生活的各个方面将越来越依赖于计算机网络。如果电脑黑客被用来作为国家间斗争的工具，那么国家的安全将受到严重的威胁。如果一个国家的政府或军事机构的电脑系统受到黑客攻击，完全有可能使这个国家陷入严重的混乱和危机。”

不可不知的事

黑客的组成

有人曾经对黑客的年龄进行过调查，结果发现，组成黑客的主要群体是 18~30 岁的年轻人，且大多是男性。他们一部分是在校的学生，因为有着很强的计算机爱好和充足的时间，好奇心强，精力旺盛等，他们便步入了黑客的殿堂。还有一些黑客有自己的事业或工作，这部分人大致分为：程序员、资深安全员、安全研究员、职业间谍、安全顾问等。当然，这些人的技术和水平高超，是刚刚入门的“小黑客”无法比拟的。

2 网络犯罪的“恶之花”

放学后，小龙崎玩了一会儿电脑，吃饭时他对龙博士说：“龙叔叔，网络真是个好东西，在上面我可以查到很多资料。”

龙博士边吃饭边说：“确实如此，网络使整个世界都连在了一起，实现了信息共享，给人们提供了极大的便利。有人利用网络还可以创业致富。但是，网络也是作恶者的‘天堂’，网络上的犯罪形形色色，五花八门，真是令人防不胜防。”

“网络上也有犯罪？都有哪些呢？”小龙崎来了兴趣。

网上诈骗是一种典型的网络犯罪。1997 年伊始，美国最大的计算机网络服务公司“美国在线”的 800 万用户中，有不少人惊喜地获得了一个电子邮件，名字就叫“特洛伊木马”。这个“特洛伊木马”给用户带来了一个好消息：它可以向用户提供免费的 xxx 级图片，还可以提供免费的增强调制解调器功能和增强打印机功能的软件。在收到这个电子邮件的用户中，有不少人当即按照其中的要求把个人的网络账号和密码传送到指定的网址。于是，“特洛伊木马”的设计者轻而易举地获得了许多人的账户和密码。随后他们就用这些网上账号通过网络定购各类商品，或进行网上的付费活动。用户们账号上的资金就这样莫名其妙地给“特洛伊木马”“吃”掉了。

网上黄毒是网上诈骗之外的又一网络犯罪。格林尼治标准时间 1998 年 9 月 2 日凌晨 4 时许，欧洲、北美洲和大洋洲的 14 个西方国家的警方联手，对一个在网上传播儿童色情图片的犯罪团伙“奇境俱乐部”实施了突然大搜捕，共搜查了 180 多名犯罪嫌疑人，逮捕了其中的 100 人，搜缴儿童色情图片约 10 万幅，以及大量用于制作、存储和传播儿童色情图片的计算机软硬件。“奇境俱乐部”与传统意义上的犯罪集团有很大的不同。各个制作和传播儿童色情图片的据点也许只有 1～2 人，不同据点的犯罪分子也许面对面也认不出来，因为他们是通过互联网中特定的“聊天室”使用绝密的密码进行联络的。

网上恐怖活动也是网络犯罪之一。1997 年 3 月以后，微软总裁比尔·盖茨连续收到 4 封电子邮件恐吓信。信中称，如果盖茨不交出 500 万美元，他和妻子都将性命难保。美国联邦调查局的调查人员经过网上追踪，发现了写信人是一位家住芝加哥郊区的名叫亚当·普利策的少年。这位乖僻少年对电脑极度痴迷，常在电脑前突生狂想，于是就向世界首富比尔·盖茨发去了恐吓信。5 月 9 日，警察在普利策的家中将他逮捕归案。调查还发现，普利策早在 1997 年 2 月就在互联网上进行过诈骗活动。

“还有其他的网络犯罪吗？”小龙崎问道。

龙叔叔想了一下说：“为了泄私愤或政治目的而在网上进行

人身攻击，也是网络时代的一种新型犯罪现象。由于网络获取信息的丰富和便捷，一些别有用心的人可以从网上获取个人的某些秘密和隐私，甚至出现了专门从事个人隐私信息服务的公司，各种个人信息都分门别类明码标价。一个人所有的医疗记录、学校记录、工作记录、驾驶记录、法庭记录、纳税记录、信用卡记录等等，都可以在网络上买到。当然，网络不仅为人身攻击提供了材料，而且还为人身攻击提供了广阔的空间。”

不可不知的事

网络信息良莠并存

互联网是一个完全自由、开放的疆域，没有固定的编辑，没有规则。信息良莠并存，有些甚至是致命的。例如，只要有一台计算机、一个上网程序，就可以在网上挂牌行医，至于他是名医还是庸医，甚至是不是医生，对于普通的网上求医者来说是很难搞清的。还有一些非法的活动在网上也很猖獗，例如网上算命。据《北京日报》报道，一记者在某著名网站搜索中输入“算命”两个字，竟然有172个网站和12000多条网页信息。有的“算命先生”通过网上付款方式给人算命，生意相当红火。在校园里，越来越多的老师发现，一部分学生的作业是从网络上移植过来的。随着网上考试、网上公布成绩单、网上公布录取名次等的增多，通过网络互抄答案、抄袭论文、篡改成绩的学生也越来越多，而且还出现了专门向学生提供学期论文和作业的网址。诸如此类，不胜枚举。青少年朋友应该擦亮双眼，勇敢地对网络不良信息说“不”！

3 虚拟网络带来的生存困惑

这天，小龙崎又到网上查找学习资料，他边敲键盘边问：“龙叔叔，互联网是什么时候开始有的呢？”

龙叔叔放下手中的书，想了一下说：“随着计算机的不断改进和普及，用计算机联网的探索也逐渐起步了。20 世纪 80 年代，国际互联网诞生。到 20 世纪 90 年代，互联网获得了迅速发展，像一颗超级明星放射出绚丽的光芒，闪烁着无穷的魅力。人们很快就感受到了‘网络时代’‘信息时代’的到来。”

“我们真幸运啊，赶上了‘网络时代’！”小龙崎说。

“赶上‘网络时代’也不完全是好事。”

“为什么这么说呢？”小龙崎问。

现在，“上网”已经成为一个使用频率极高的新名词。与此同时，网上办公、网上购物、网上投资、网上谈判、网上拍卖、网上聊天、网上恋爱等等，也应运而生。

由于网络可以给人带来极大的便利，使人足不出户就可以解决生活中的很多问题，这就难免会在现实生活中导致人际关系淡漠、实际人际调适能力差等现象，甚至出现人格上的扭曲和变态。而且，网络会使人上瘾。辛辛那提大学医学院的一位教授在对1000名互联网上瘾者的研究中发现，这些每周上网100多个小时的“网虫”已经有人成为躁狂抑郁症患者。他的结论是，网络会使人发疯。也有专家指出，那些互联网上瘾者在现实生活中往往夫妻失和，与朋友疏远，工作、学习荒废。网络世界毕竟是一个虚拟的世界。所谓网上购物、网上联姻、网上会诊，说白了就是当事人本应到场却未到，但最终还得有人到场，这就是你付费所请的那些人。可见，虚拟世界还是无法代替现实世界。而一个长期生活在虚拟世界里的人，当他不可避免地回到现实世界中来的时候，他就会感到双重世界之间的冲突和由此而来的困惑。任何人，脱离真实的社会和真实的自然就会变得古怪。更有教育专家指出，儿童对电脑过于着迷可能混淆仿真和现实的东西。

不仅如此，其他的网上活动也会发生类似的现象。因为人们在网上一般并不公开自己的真实身份，他人一般也无法查实对方的真实身份。因此，很多人在网上的活动往往与自己的真实生活并不一致。这既有网上可以让人放松的好处，也有网上可以让人作假甚至作恶的坏处。这是虚拟与现实的距离。如果一个人无法处理好虚拟与现实的关系，就会陷入一种生存的困境。

网络的虚拟性还表现在用大量无用的信息掩盖现实生活的本质，使人淹没在大量无用信息中而无法适应现实生活。美国媒体专家兼网络评论员戴维·申克在《信息烟尘》一书中指出，在信息时代繁荣的表象后面，是大量无用的信息对我们造成的干扰，它们像“信息烟尘”一样，对我们个人的健康（包括精神上和肉体上的）及社会造成极大的危害。

不可不知的事

虚拟的爱情

网上恋爱虽然扩大了恋爱的时空，但毕竟只是一种虚拟的爱情，恋人们并不能在同一时空手拉手地坐在一起，不能直接感受对方的身材、容貌、声音、姿态、性格、气息等，因此只能永远停留在虚拟状态之中。而当人们想要把网上爱情搬回到现实生活中来的时候，往往会发现网上情投意合的“意中人”并不如想象的那么“中意”，甚至网上的“妙龄少女”原来是八旬老翁的事例也并不鲜见。即使是网上恋爱成功的人，也都感到了“重新恋爱”的必要性。因为他们认为，网上恋爱总是缺乏许多“亚信息”，如面部表情、身体语言，甚至穿着打扮所体现出来的文化素养以及渗透在举手投足间的性格特征等。有人甚至认为，双方在舞会上两分钟了解到的信息，常常比两个月E-MAIL所得到的更多。

4 “信息高速公路”带来的灾难

在中关村，“信息高速公路”“把光纤连到你的家”，“计算机就是网络”……所有这些都令小龙崎眼花缭乱。他问叔叔龙博士：“龙叔叔，在公路上可以行驶各种类型的汽车，也正是公路网的建立，将山区、平原、甚至荒芜人迹的沙漠连成一体。可信息高速公路上行驶的是什么呢？”

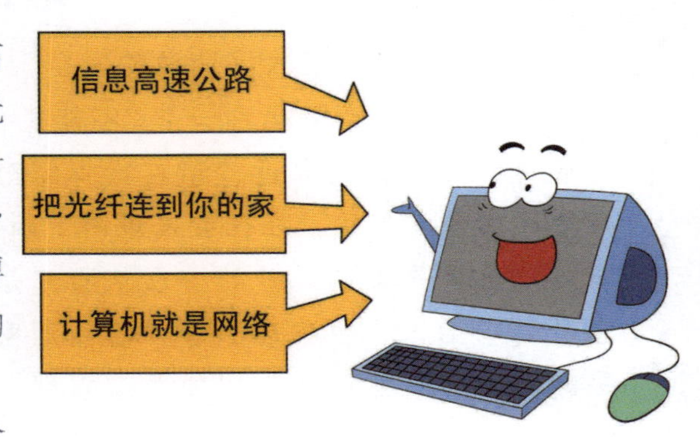

龙叔叔想了一下，说：“早在 1992 年，美国总统克林顿就提出了要在美国建立一个以计算机、光纤为基础，连接全国各地企业、商场、大学、研究所、图书馆、医院和家庭的信息网络。这种信息网络集电脑、电话、传真机、录像机等为一体，形成迅速传递声音、图像、文字、数据、数码、图表等信息的多媒体，这就是俗称高效、快速和信息丰富的信息高速公路。”

小龙崎又问道：“它会给我们的生活带来怎样的影响呢？”

如今，美国信息高速公路已经基本形成，在世界各地也初具规模。与此同时，美国人也在开始担忧，信息高速公路建成后，美国人的移民浪潮也开始了。因为信息高速公路给人们的生活带来了极大的方便，交通已经不是人们生活中的问题了，人们便开始向风光秀丽的地方移居。在美国，《华尔街杂志》把风景秀美的佛蒙特州的伯林顿列为美国最佳的居住地。如果许许多多的人在信息高速公路时代都争相往风景美丽的地方移居，那么势必破坏这些地方的田园风光，造成新的生态平衡的破坏，遍及美国大陆的森林和空地会被人们占地几英亩的理想住宅而毁于一旦。过去大家认为汽车的发明对环境的破坏比核武器对环境的破坏还要大，而今天有人预言，信息高速公路的发明对环境的破坏将比汽车对环境的破坏还要严重。关键就在于我们对未来的大移民能不能采取有效的控制措施。

另外，假如有一天全球的电脑都失灵或瘫痪了，人类可能无法生存。这并不是危言耸听，它已经在我们的生活中露出端倪。任何在银行里有过不愉快经历的人都可能碰到这样的现象：在电脑联网的银行，只要电脑出故障，谁也取不了款，即使你有天大的急事等着用钱也无可奈何。营业员冷冰冰的回答更令人着急："电脑出故障，办理不了。"你就是求他们不用电脑而用手工办理也不行，回答是："现在已经没有这项业务了。"

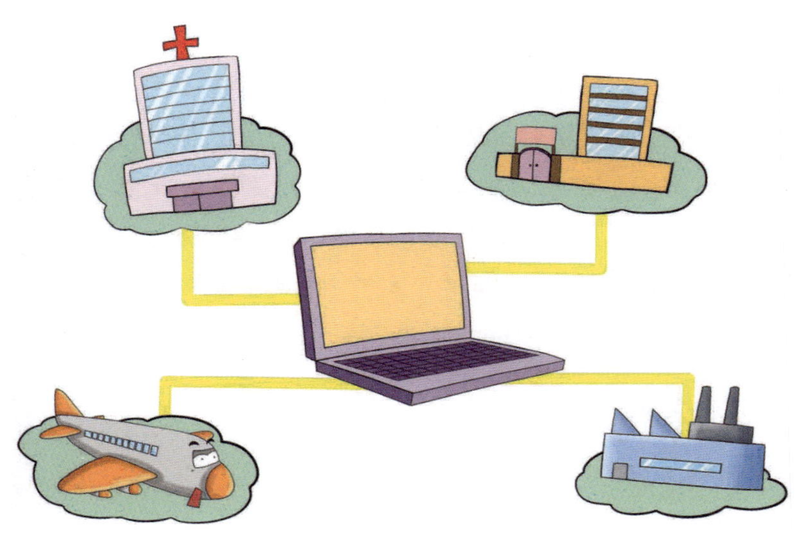

果真如此的话，在信息高速公路全球化的某一天，姑且不说出现地震或战争这样的大灾难和意外，只要某一个局部地区的电脑出现问题，全球的所有工作和人类的生活都得停顿下来。医院不能看病，银行不能存款、提款，飞机不能起飞降落，证券所不能交易，工厂不能开工，农场无法耕耘、收割，学

生不能上课读书，研究人员不能搞科研，文人也无法写作和读书……这个世界也就只有随信息高速公路的瘫痪而瘫痪了。在海湾战争中，伊拉克之所以一败涂地而无任何还击之力，就在于美军首先摧毁了它的“军方信息高速公路”。而除了信息高速公路，伊拉克再也没有另外一套有效的通信系统。

听到这里，小龙崎说：“我们为了不作茧自缚，就不能仅仅依靠信息高速公路，还得有一套人工的信息通道，至少要像操作电脑一样对任何文件进行备份。”

不可不知的事

信息高速公路的光纤路面

光纤的频带特别宽，这就使得光纤通信系统的通信容量特别大。一根细如发丝的光纤能够同时传送500个电视频道的图像信号，或者50万路电话的语音信号。一根光纤丝的信息容量，可以顶得上几千根金属导线。此外，光纤的抗干扰能力特别强，信号通过时的衰减特别小。

信息高速公路是一种数字化大容量的光纤通信网络。信息高速公路的建成，在政府机构、各大学、研究机构、企业以至普通家庭之间建成计算机联网，将改变人们的生活、工作和相互沟通方式，加快科技交流，提高工作质量和效率。

5 病毒：信息的“蛀虫”

这天，小龙崎回到家，看到叔叔龙博士正聚精会神地坐在电脑前，就走过去问道：“龙叔叔，您在干什么？”

“我在查杀计算机病毒。”龙叔叔回答道。

“计算机病毒？那是什么东西？”小龙崎有些想不明白。

龙叔叔耐心地说：“所谓‘计算机病毒’，是指这样一些计算机软件和程序，它们能够在计算机内部反复地自我繁殖和扩散，并造成种种不良后果，危及系统的正常工作。它实质上是一种干扰程序，是人为制造的。”

“这种‘病毒’严重吗？会造成什么可怕的后果？”小龙崎追问道。

20世纪80年代初，病毒开始困扰个人计算机。1987年，一起袭击了宾夕法尼亚州勒海大学的病毒事件引起了全美国的注意。1988年3月2日，一种计算机病毒在苹果机内突然发作，在所有受病毒感染的苹果机上，病毒锁定显示屏上的文字：“向所有的苹果机用户宣布和平的消息。”这样的“和平的消息”使得计算机不再听从操作人员的使唤。同年11月3日，美国爆发了第一次大规模的计算机病毒灾难。6000台不同类型的计算机遭受不明病毒的感染，使得互联网不能正常运行，而由这些互联网联系的近15万台计算机一下子处于瘫痪状态，由此造成的直接经济损失达9600万美元。

计算机病毒让全球用户产生刻骨仇恨，是从1999年开始的。在这一年，许多破坏性极强的病毒先后粉墨登场。而且，这些病毒借助发达的全球互联网开始变得无处不在。1999年3月，一种被称为“美丽杀手”的邮件病毒，借助因特网在美国开始了爆炸性的传播，几乎在一天之内就传遍了全美国。联网的政府机构、公司企业和许多公共信息系统均遭受严重的经济损失。同年4月26日，被称为“世纪风暴”的CIH病毒席卷全球，使得全世界至少有6000万台计算机受到影响而不能正常运行。据统计，到目前为止，世界上的计算机病毒已经超过4万种，世界各国的计算机病毒感染的概率为35%～85%。

计算机病毒作为一种人为制造的干扰程序，有的是在编制正常程序时因无意中出错而加上了一些有害指令，但大多数是有意制造的。在有意制造病毒的人中，其制造的动机是多种多样的，如恶作剧，为了表现自己的才能，为了泄私愤而对某个人、某个公司或某个机构的工作进行破坏，甚至出于某种反社会的破坏欲、恐怖主义行为，等等。但是不论动机如何，都将随着广泛传播而对计算机系统造成严重破坏。特别是在计算机网络普及各行各业并实现了全球联网的情况下，计算机病毒的破坏作用往往是全球性的，甚至可能是致命的。

听到这里，小龙崎忽然说道：“如果计算机病毒被用于军事或政治目的，那么后果是不是更可怕？”

龙叔叔点点头说：“现在，各国

军队的武器装备都大量使用了计算机，特别是综合电子信息系统，一旦遭到计算机病毒的攻击，计算机病毒就会在整个系统中迅速传播和蔓延，造成连锁反应，最终使整个指挥系统瘫痪、武器系统失效，造成政治上或者军事上的巨大损失。而且，一旦遭到计算机病毒的攻击，那些大型网络系统是很难在短时间内修复的。”

不可不知的事

CIH病毒出自学生手

CIH病毒是台湾大学学生陈盈豪制造并以自己的名字首字母缩写命名的。陈盈豪将病毒作为一个实用程序发到了当地的互联网上，一周内便相继在澳大利亚、瑞士、美国、俄罗斯等国登陆，并很快流入了中国大陆。该病毒感染WINDOWS95或WINDOWS98全部可执行文件，并将自身病毒代码分解放置，从而更隐蔽地藏在文件中，使一般杀毒软件难以发现或无法彻底杀除它。病毒发作时，除文件不能正常执行外，硬盘引导区和分区表也将被破坏，这意味着系统瘫痪。更为严重的是，CIH还是目前已知的首例直接攻击、破坏电脑硬件设备的病毒。在它发作时会破坏主板的BIOS，导致计算机加电后无从自检，从而彻底摧毁计算机系统。由于互联网是CIH病毒传播的主要途径，因此它对各国各行各业的计算机系统都构成了严重的威胁。

6 可怕的“千年虫”

这天，小龙崎在书上看到一个新词：“千年虫”。他问龙博士：“龙叔叔，‘千年虫’是什么生物？我怎么没有见过？”

龙叔叔笑着说：“‘千年虫’可不是生物，你怎么能见到呢！提起‘千年虫’，就要从‘千禧年’说起。在西方传统中，2000年是‘千禧年’。然而正当2000年日益逼近的时候，‘千年虫’却让人们着实捏了一把冷汗……”“哎呀，龙叔叔，你越说我越糊涂了，到底什么是‘千年虫’呢？”小龙崎挠着头问。

“千年虫”原本是软件专家在编程时的一个小小的失误。在20世纪60年代，计算机存储容量极为有限，科学家为了节省内存，便把时钟按习惯以两位数代表年份，而把前两位的世纪位固定在芯片中。当时一些专家就曾指出，这样会混淆2000年与1900年。但人们普遍认为，有足够的时间来弥补这一缺陷。此后，在计算机中用两位数表示年份的做法由于思维定式而沿袭了下来。而后来的系统为了保持相容性而维持了这种设计原则。于是，到了20世纪90年代，已有上万亿行的数据存在着时间转换问题。“千年虫”成了世纪之交的全球之患。

"千年虫"的危害并不仅仅限于人们的起居生活。它可以使涉及日期的行业计算机系统出现混乱，特别是金融、电力、通信、交通、军事控制等会出现严重的故障，如电力中断、火车相撞、飞机坠毁、通信中断、银行账目混乱、核电站爆炸、导弹误发、核武器失控等。为了消除这一极大的隐患，世界各国先后成立了专门的组织、机构，投入了巨大的人力、物力、财力。据不完全统计，在世界范围内各国为"千年虫"问题的花费已达6000亿美元。

我们欣慰地看到，"千年虫"在"千禧"之际并未肆虐，从而避免了上万亿美元的经济损失，保证了人们的生命财产的安全和生活生产的安定。

"这是不是说解决'千年虫'问题是庸人自扰、杞人忧天呢？"小龙崎问道。

龙叔叔说："不能这么说。事实上，'千年虫'早就已经开始骚扰人们的生活了。据报道，美国堪萨斯州一位104岁高龄的老太太突然收到户籍机构电脑发出的幼儿园入学通知单；美国新泽西州的一位驾照申办者拿到的驾照有效日期竟是1900年7月31日。类似的事情还有不少，原因皆在于电脑无法区别1800年、1900年和2000年。

"'千年虫'的出现也许是偶然的，但偶然之中总是隐藏着某种必然性。在信息技术时代，即使没有'千年虫'，也会有其他的'虫'出现。这种'虫'的出现警示人们：科学技术的发展在为人类提供了巨大能量的同时，也使人类文明建立在越来越脆弱的基础之上，稍有不慎，就会造成重大的损失，甚至出现不堪设想的灾难。例如，电力是现代社会的主要动力，一旦出现大面积停电，将会造成难以估量的后果。此外，供水

系统、供暖系统、铁路系统、通信系统等等，都涉及很大的范围。这些系统的支持技术一旦发生故障，会给人们的生产和生活带来严重的损失。”

不可不知的事

大面积停电带来的可怕后果

1972年，武汉发生大面积停电，武汉钢铁厂险些全部报废。2001年2月22日，沈阳这座拥有近700万人口的庞大城市因“雾闪”而导致长达14小时的大面积停电，造成机场关闭、医院手术中止、交通中断、供暖管道爆裂、供水中断、工厂惨遭重创……这类事件并非绝无仅有。就连科技和经济最发达的美国，在20世纪后半叶也发生了五次灾难性的大面积停电。如1965年11月9日傍晚，加拿大安大略一家发电厂的一个小小的继电器发生了故障。几分钟内，几乎整个美国东北部都停了电。成千上万的人被困在电梯和地铁里。街道红绿灯全部熄灭，整个东海岸交通堵塞。夜幕降临后，那些地区便陷入了一片黑暗，严重地影响了人们的生活和工作。

7 葬身于电脑的冤魂

吃晚饭时，小龙崎看到电视上正在播报一起空难事故，就问叔叔龙博士：“龙叔叔，现在科技这么发达，怎么还是无法避免空难的发生？空难发生的原因都有哪些？”

龙叔叔放下手里的碗筷说：“迄今为止，人们经历了无数的空难，损失惨重，难以计算。如果查询其原因，则千奇百怪。可能你还没有听说过，有的空难是与电脑有关或由电脑引起的吧？”

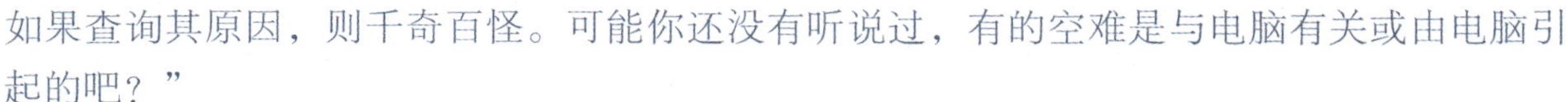

“电脑不是很‘听话’吗？怎么会引起空难呢？”小龙崎问道。

时光回溯到 1995 年 12 月 20 日，深夜。在南美与北美的国际航线上正运行着一架美国最先进的波音 757 客机，机上连同乘务员共有 159 人。这是从巴西里约热内卢飞往美国旧金山的一架航班，飞机上的大部分乘客是美国人，他们正急于回家过圣诞节。这时，机舱广播传来了机长平稳而雄浑的声音：“女士们、先生们，我们正在经过哥伦比亚，接到卡利市的空中导航塔的命令，我们将在图卢瓦机场降落休息加油。请大家系好安全带，

飞机马上就要降落了。”

广播完毕，机长就按过去的惯例，按导航塔报告的电码，将其编成一个简单的程序输入全自动的电脑操作系统。不过这一次机长似乎稍慢了一些，比过去的 30 秒编程多了约 60 秒。就在机长把这一下降程序输入电脑后，飞机已飞越了导航塔台。而飞机的电脑指挥系统仍在执行机长盘旋下降的指令。飞机在一圈又一圈地盘旋下降。

机长和副机长发现情况不妙，因为前面看不到一点灯光，按常理输入指令后十几秒就可以看见机场的灯光了。副机长预感灾难临头，眼明手快地向计算机下达指令，停止其继续盘旋下降。然而计算机这一次并没有执行副机长的指令，只是把飞机的向左盘旋改为向右盘旋，继续下降。不一会儿，飞机的“临近地面报警系统”发出了刺耳的鸣叫声，副机长意识到必须放弃电脑而改用手拉起操纵杆，使飞机上升。然而一切都为时已晚。5 秒钟后，这架电脑控制自动化性能最好的 757 班机在导航塔内的电脑荧屏上消失了。塔台指挥员连声呼叫却得不到任何回音，他意识到又一起空难发生了，立即向指挥中心报告了情况。

第二天，救援直升机飞到了空难现场。飞机撞在了一座山崖上。失事的飞机残骸洒遍了方圆 5 公里的山坡。救援人员搜索了整整一天，没有发现一个生存者，159 名乘客和机

组人员的尸体遍布山野。幸运的是飞机黑匣子找到了。经过分析，飞行员对电脑自动化操纵系统的过分依赖导致了这一场不该发生的空难。首先是机长输入下降的程序时，飞机已飞越了导航塔，而这本应该在飞越导航塔之前操作完成。当他们意识到问题后，还想依靠电脑来纠正错误，而这后一个指令却没有得到正确执行，这时飞行员才赶忙用人工操纵，但飞机已经拉不起来了。

“真是太悲惨了！”小龙崎感叹道。

龙叔叔说：“这不是唯一的一架因为依赖计算机而失事的飞机。据统计，近几十年，欧洲航空公司生产的空中客车400型全部是电脑操作的全自动化飞机，它的5架飞机中已经有2架因为自动化而失事。可以说，过分依赖机械的和电子的自动化，忽视人类自身的能力，很可能会造成重大灾难。”

不可不知的事

密密麻麻的飞机仪表

如果有机会参观飞机的驾驶舱，你会发现，那里仪表的数量多得数也数不清。驾驶员前面、左面、右面、头顶，甚至脚下，都密密麻麻地布满了各式各样的仪表。由于飞机上的仪表很多，飞行员难以应付并及时作出反应，因而现代仪表设计的重要特点是综合化，将多种仪表结合在一起，成为综合显示系统。它可以根据需要显示不同的数据信息，这样仪表板上的仪表数量减少，仪表板也显得简洁明快了。另一个设计特点是显示与处理计算机化。当前先进的飞机已经把传感器、显示器、控制器和飞行控制系统、发动机控制系统、火力控制系统有机地交联在一起，由先进的计算机统一进行管理，初步实现了飞机各系统的高度综合化。

8 人脑与电脑的结合很可怕

吃完饭，小龙崎坐在电脑旁玩了一会儿，忽然他问叔叔龙博士：“龙叔叔，我听说，电脑从某种意义上说是人们根据人脑的功能和工作原理而发明创造的。那么电脑和人脑能不能进行双向交流呢？”

龙叔叔说：“这一直是研究人员感兴趣的一个课题，如果这项研究取得成功，其意义不亚于当初电脑的发明。因为这是真正意义上的人机对话，而且能使我们从更深更广泛的意义上理解生命现象、生物的生理功能，制造智能生命。”

“那人脑与电脑的交流现在实现了吗？”小龙崎又问道。

早在生理学成为一门学科之初，人们就发现，人和生物体的行为是受大脑和神经系统指挥的，而神经指挥系统的指令相当大一部分便是生物电流或电脉冲。根据这种原理（电脑的部分原理就是建立在这种原理的基础之上），德国的研究人员在一个芯片上培育了一种老鼠的神经细胞，这种神经细胞与人的神经细胞相似。经实验，这种芯片上的神经细胞可以将电脉冲信号传送到特制的传感器上。这表明人的神经细胞和超微硅片联结起来，即人脑和电脑的联通将不再是一种设想，而是一种可实现的行为。德国的研究人员还表示，下一步将研究更高级的芯片，这种高级芯片可以检测到大脑神经细胞之间发出的电脉冲神经信号，这样人脑和电脑之间的交流就会更加具体化。

上述人脑与电脑交流的最新进展当然令人鼓舞，但德国研究人员的研究却遭到人们的怀疑和非议。如果将来人脑与电脑相连成为现实，那么人会不会受制于电脑，电脑会不会控制人的行为？而且如果以一些人的利益和思想行为为模式，将这些思想录制成芯片再置入另一些人的大脑内，会不会由此指挥他人？这种担忧在阿瑟·C·克拉克的科幻小说《3001年：最后的奥德塞》中描述得尤为生动和具体。书中谈到，由于人脑和电脑的联通，一些人的思想可以被输入一种称为“思想捕捉器”的芯片中。这种芯片又可以移植到另一些人的大脑中，由移植者操纵，从而达到随意控制他人的目的。这样做的最终结果是会创造一种半机半人的怪物，类似于半人半兽的怪物弗兰肯斯坦，给人类带来灾难。

“那确实很可怕！”小龙崎吐了吐舌头。

龙叔叔接着说：“人们对电脑发展的担忧，还不仅仅如此。人们对有的科学家宣称的利用电脑与人脑的结合能使人永不死亡的研究，同样忧心忡忡。既然研究人员已经能将超微芯片移植到视网膜中和大脑中，那么他们就可以制造体积更小、容量更大的芯片，把它移植到眼睛后面的视神经上和大脑皮质中，用它来记录人从出生到死亡时所看到的一切——所有的人和所有的场景，

记录下人在一生中每时每刻的想法、感觉和情绪，这样人就会永生。即使他（她）死亡了，芯片还存在，把芯片的程序启动，这个人就会活过来，再现他（她）一生的全过程。而另一种形式是把这种记录芯片重新包装，放入到这个人的形式外壳中，他就会复活，永远存在。”

小龙崎害怕地说：“如果人类社会和自然界只有出生而没有死亡，那么人口就会爆炸，地球就会灭亡，太可怕了！”

不可不知的事

利用生物医学和信息技术“克隆”人

有些研究人员对复制人和使人永生还有另一种设想，这就是把一个已经走完生命历程的人的记录芯片（思想捕获器）植入到一个新生儿的大脑中，这名婴儿将成长为与这个已去世的人的思想、行为完全一致的人，只是相貌、身高、声音、肤色和毛发等有所不同而已。这种“克隆人”一旦出生后，就连自己的生活道路都无法选择，只不过是母本人一生从头至尾的再一次重复罢了，这样的生命有什么意义呢？只是人为地延长生命而已。

四、解密骇人听闻的科学现象

1 威力巨大的噪音

晚上，小龙崎来找叔叔龙博士，问道：“龙叔叔，书上说三国时期，有一次张飞挺矛立在桥头，大喝一声，吓得曹操的大将掉下马，吐血而亡。是真的吗？”

龙叔叔说：“书上说的有些夸张，不过声音确实很有威力，而噪音的威力更大，不但能震碎玻璃，而且还能杀死动物，甚至连高楼大厦都能瞬间摧毁。”

“这么厉害吗？噪音还能造成哪些危害？”小龙崎的好奇心又来了。

日常生活中，汽车和火车的噪音频繁地闯进人们的住宅，它们大模大样地把桌椅、炊具、玻璃器皿等家庭用具摇得咣当作响，把墙壁、屋顶的粉尘震得纷纷下落，吵得人们不得安宁。然而，与汽车和火车的噪音相比，飞机的噪音就厉害多了。

1956 年，英国首批超音速飞机试航。突然，有一架飞机在地中海上空爆炸失事。爆炸前毫无征兆，也没有显而易见的原因，像谜一样引起社会各界的议论和猜测。后来科学家对碎片进行化验后，发现噪音竟是罪魁祸首。随后在 1967 年 1 月，三架美式军机低空掠过日本的某个城市，当时强烈的噪音掀倒烟囱，震碎玻璃，震散货架上的商品，震落房子内的日光灯，给日本造成了很大的损失。1970年，德国威斯特柏格城曾因飞机的超音速飞行受到强烈的噪音袭击。城中的大部分建筑物都严重破损，烟囱倒塌，门窗的玻璃也大范围被破坏，相关部门接到的受损报告近400起。

据报道，1959年，10个美国人为了得到奖金，自愿做超音速飞机噪音作用的试验。尽管他们紧紧捂住耳朵，可是当飞机从头顶10～2米的高空飞过后，竟然有6人当场死亡，其余的人数小时后也陆续死亡。后来验尸证明他们都是死于噪音引起的脑出血。

实验证明，噪音不仅能损伤动物的听觉器官，而且还会伤害大脑，令动物昏迷，以至于死亡。在中国科学院声学研究所的高声强实验室里，可制造出高达160～174分贝的噪音场，能模拟飞机、火箭等发出强噪音。通过实验，发现动物在噪音场中反应强烈，常常失去常态，烦躁不安，相互撕咬。如果把声压级提高到160分贝以上，只需几分钟，就能使活泼健壮的大白鼠抽搐、昏迷，甚至死亡。科学家将鼠尸解剖后发现，白鼠的心脏有出血现象，肺部淤肿，肝、肠、胃等器官也都有大面积淤血斑。

小龙崎感叹地说："噪音的杀伤力真是恐怖啊！"

不可不知的事

用于反恐的声炸弹

正因为噪音有如此鲜明的特点，因此人们便根据它制造出了各种新式武器。1977年10月，一些恐怖分子劫持着一架联邦德国客机飞到索马里摩加迪沙机场。赶到摩加迪沙机场的联邦德国特种部队，使用的是一种新式武器——声炸弹。这种声炸弹能发出令正常人无法忍受的巨大声响和超强炫光，从而麻痹人的听觉和中枢神经系统，使人短时间内昏迷，又不伤害人体。他们只用了3秒钟就突击打开飞机舱门，扔进了炸弹。在巨响和强烈闪光之后，劫持飞机的恐怖分子和乘客们刹那间昏迷过去。特种部队在6秒钟内就逮捕或击毙了恐怖分子。等到飞机内的旅客苏醒以后，全部安全脱险。两年后，伦敦有关当局再次使用声炸弹，迅速逮捕了占领伊朗驻英使馆的恐怖分子。

2 形如圆球的诡异闪电

外面下着雨，小龙崎闲来无事可干，就拉住叔叔龙博士问道:“龙叔叔，我听说有一种球型闪电，您知道吗？”

龙叔叔摸了摸头发，说：“知道。球形闪电和天空中的普通闪电并不相同，它形如圆球，大小介于高尔夫球与足球之间，还有各种瑰丽的颜色。它总是像幽灵一样神出鬼没，不经意间出现，又突然间消失。”

“球形闪电很可怕吗？”小龙崎又问道。

球形闪电的破坏力惊人，能在数秒之内将钢刀熔成铁水，将厚厚的城墙穿出一个大洞。

北宋年间，有一次天空中电闪雷鸣，忽然有一个球形的闪电从天而降，落入附近农户家里。火球从西屋的窗户进入后，缓缓从屋檐下飘出来，仿佛是提着灯笼的鬼火，持续片刻后便消失不见了。当电闪雷鸣结束后，人们发现农户家里所有的墙壁、窗纸都被熏黑了。令人惊奇的是，屋里所有的木制家具、器皿杂物等都没有被电火烧毁，可是墙上挂着的金属钢刀却被熔化了，顺着墙壁和地面流出金属液体。更令人费解的是，竹木和皮革做成的刀鞘却完好无损。人们请教了当时著名的科学家沈括。沈括根据各种现象推测，球形闪电肯定和雷电天气有关，可是他也无法解释为什么坚硬的刀具被熔化成汁水而刀鞘却完好无损。

直到现代，人们才发现，球形闪电是一种等离子球，它表面的大部分都非常冷，因此不会燃烧房屋里的木头。不过里面却包含着大量的电子，如果遇到导电的金属，就会利用钢刀转移，产生无穷大的电流，从而瞬间熔化钢刀。

1981 年，一架“伊尔 -18”飞机从黑海之滨的索契市起飞。当时天气很好，雷雨云远离飞行线 40 千米。当飞机升到 1200 米高空时，突然一个直径为 0.1 米左右的火球闯入驾驶舱，发出震耳欲聋的爆炸声后随即消失。但几秒钟后，它又令人难以置信地通过密封金属舱壁，在乘客舱内再度出现。它在惊作一团的乘客头上漂浮着，缓缓地飘进后舱，分裂成两个光亮的半月形，随后又合并在一起，最后发出不太大的声音，离开了飞机。驾驶员立即着陆检查，发现球形闪电在飞机头尾两部分各钻了一个窟窿，飞机的雷达和一部分仪表也失灵了，不过庆幸的是飞机内壁和乘客没有受到任何损伤。

小龙崎问：“那么这些球形闪电究竟是怎么产生的呢？”

龙叔叔说：“科学家分析后认为，它们可能是天空中的闪电产生的高频电波被‘封’在一团气体内，使这团气体变成等离子体，并不断吸收电磁波能量而形成的。它具有很高的能量，碰到物体会喷射火花，发生爆炸，并且很可能会烧毁或击伤物体和人畜。”

小龙崎说：“球形闪电真是太诡异了！”

不可不知的事

穿墙入室的滚地雷

1997 年盛夏，天空多云，伴随着一声巨响，桂林市中心的广西师范大学校内宿舍楼里飞进一颗足球大的火球。火球在屋里水平地缓缓移动，落在近门口处消失。几乎同时，屋里的人感到强烈的震动，仿佛被人推了一把，双腿发麻。紧接着又有一个碗大的火球从窗外垂直落下，并穿墙而过，在墙上烧出一个黑洞。屋里和楼道里的电线全被烧焦，日光灯也被打落。这个突如其来的火球像强盗似的掳掠一番，损坏物品，然后扬长而去，留下满屋子惊恐的人。后经科学家研究，证明这是一种滚地雷。

3　空气也能“压”死人

这天，小龙崎和叔叔龙博士来到了麦当劳，点了两杯奶茶。喝着喝着，小龙崎问：“龙叔叔，当我们用力吸吸管的时候，杯中的水就会顺着吸管来到口中。这是为什么？”

龙叔叔放下奶茶说：“这就是大气压的功劳。地球表面裹着厚厚的大气，它们由于自身的质量，会产生压力，从而形成大气压。大气压虽然看不见摸不着，可是却能把厚厚的钢板压断，还能够让人的身体像炸弹那样炸开。”

小龙崎睁着大眼睛问道：“大气压真的有这样可怕吗？”

1875年，意大利三位科学家乘坐热气球挑战人类升空的纪录。这只热气球的燃料是液化气，它们被储存在放在吊篮中的钢瓶里。当热气球点火升空、渐渐远离地面之后，很快就有一个人出现呼吸急促、胸口闷痛的缺氧症状。紧接着，另一个人也感觉胸腔鼓鼓的，仿佛充满气的氢气球，随时会爆炸。最终，各种痛苦一齐袭来，三位科学家都陆续昏迷过去了。热气球带着他们升到8000米高空后，徐徐坠落。三位科学家挑战成功，顺利返回地面，可是当人们欢呼着跑过去迎接他们时，却发现气球吊篮中躺着两具科学家的

尸体，仅存的一位科学家正忍受着极度的痛苦。

原来罪魁祸首正是大气压强。我们都知道，地球上的大气压强无处不在，人体的呼吸就离不开它的帮助。当吸气时，人体的横膈肌收缩，使胸腔的体积扩大，肺里的空气因为稀薄，压强变小。这时，外界空气的气压大于胸腔内的气压，因此空气就进入胸腔的肺内。当空气进入肺泡以后，空气中氧气的压强要比血液里氧气的压强高，氧便从压强高的地方向压强低的地方扩散，从而使人获得了氧气。

而在远离地面的高空中，空气十分稀薄，这样大气压强就很小。当科学家乘坐热气球升入高空后，人体内的压强仍然和在地面时相同，肺泡中的氧气压强比大气的氧气压强还要高，因此人不但无法吸入氧气，反而连体内的氧气都跑到大气中去了，从而造成高空缺氧。在短短几分钟内就会使人的大脑丧失活力，导致死亡。

不仅如此，如果坐在大气稀薄的管道口，它还会像贪吃的蛇那样把人吞进去。

前几年，四川省一个县的抽水站渠道口，有一群十二三岁的孩子在玩耍。当时正值夏季，天气炎热，其中一个女孩看见抽上来的河水是从内径20多厘米的水管里涌出的，于是便好奇地跑过去坐在管口玩。此时管水员正好拉下电闸下班了。突然，坐在水管口上的女孩被紧紧吸住，粘在管口上，无法挪开。大人们闻讯赶来，用尽力气却怎么也拉不动这个女孩。直到管水员合上电闸后，水又从管口涌出来，女孩才被救下，可是她早已停止了呼吸。

小龙崎问：“是什么原因造成女孩死亡的呢？”

龙叔叔说：“凶手就是大气压。当管水员拉下电闸停止抽水时，管子里的水柱因没有动力开始下降，而坐在管口上的女孩堵塞外界空气进入管内，于是水管内出现了近似真空的状态，造成管内外大气压不平衡。外面的大气压力迫使女孩紧紧贴在管口上，时间久了，女孩就被大气压‘压’死了。按照每平方厘米1千克大气压力计算，直接作用在女孩身上的压力有300多千克，因此人们根本拉不动她。”

不可不知的事

安详死去的宇航员

1971年6月，苏联“联盟-11号”飞船在与空间站对接运行24天之后返航，它创造了绕地球轨道持久航行的纪录。返航的发动机工作结束后，突然与地面控制中心失去联系。飞船在哈萨克斯坦附近实现软着陆，苏联派出两架直升机前去迎接，可是打开舱门的瞬间，所有人都惊呆了。船舱内所有东西都是正常的，三名宇航员坐在座位上，表情安详，只是他们已停止了呼吸。

宇航员是怎么死的呢？苏联派出专家调查，原来“联盟-11号”飞船返回时，座舱因为故障突然漏气，舱内空气猛然间大量泄出，使得座舱的气压突然间降低。宇航员体内的氧气大量呼出，造成了“爆炸性”缺氧。此时，人体内的血压致命地升高，血液突然冲入大脑，引发血栓而死亡。

4 小鸟撞毁大飞机

小龙崎在书上看到这么一段描述：一架飞机在天空中平稳飞行，一只体形瘦小的小鸟猛烈地撞在上面。最后飞机像喝醉了酒似地摇晃起来，它努力想保持平衡，可还是一头扎向地面，发生了事故。

小龙崎有些不相信，就跑去问龙博士："龙叔叔，世界上真的发生过这样的事故吗？如此弱小的鸟为什么会撞毁体形比它大几千倍的飞机呢？"

1985 年 11 月，沈阳军区航空兵某团飞行员正驾驶着飞机，在 800 米高空以每小时 600 多千米的速度执行飞行训练。突然，有一只大鸟正面与飞机相撞，致使飞机几乎失去控制。飞行员果断地采取难度和危险性最大的操控方法，使飞机安全着陆。当机务人员检查飞机时，发现机身上多处沾有鸟的血迹和羽毛。两台发动机严重损伤，压缩器叶片的进气流罩全部被打坏，右机翼前沿也被打裂了 0.2 米长。

无独有偶，2009 年 1 月，全美航空公司的一架客机从纽约飞往北卡罗来纳州夏洛特。在飞机刚起飞后不久，机上人员便听到巨大的响声，同时闻到一股烧焦的气味。紧接着飞机左右摇摆，机翼变得震颤起来。机长随即向指挥中心报告，决定返回机场。可是飞机很快失去控制，径直坠入纽约哈得逊河中。幸运的是，坠入水中后，机身仍完整，营救船只

很快赶来，在飞机沉底之前成功将机内人员全部救出。

1903年莱特兄弟首次驾驶飞机时，也曾撞到过红翅黑鹂鸟。世界每年因飞鸟撞机而失事或者被迫降落的情况有成千上万次。据美国相关部门统计，仅美国自1988年以来，就有200多人因鸟类撞击飞机而身亡。飞机在起飞、降落及低空飞行时最容易撞上飞鸟，尤其是庞大的鸟群，危害更大。鸟类如同子弹，可以打坏喷气式飞机的压气机叶片，甚至击穿驾驶舱的挡风玻璃。挡风玻璃被击穿后，不仅会使飞机周围震裂，而且飞行员的视线也会受到影响，以致不能清晰分辨物体。更严重的情况是，玻璃碎片还有可能打伤飞行员。

小龙崎好奇地问道："如此庞大的飞机为什么经不起小鸟的撞击呢？"

龙叔叔说："其实并不是飞机的质量不好，而是因为飞行速度太快。有时候，浑身是肉的鸟撞在速度为每小时七八百千米以上的飞机上，产生的冲击力比炮弹的冲击力还要大。目前，人们也在为防止鸟类撞击飞机而努力着。例如，建造机场时，人们会清除周围的树林，并在四周设置带声响的恐吓装置。此外，还用雷达监视航线上的鸟群，随时提醒驾驶员绕道飞行，这大大减少了飞鸟撞机的事情发生。"

不可不知的事

苹果竟然变成了"炮弹"

如上文所说，鸟撞击飞机会造成很大的破坏力，同样道理，其他物体撞上疾速行驶的汽车也是这样。在1924年举行的一次汽车竞赛中，沿途的农民看到汽车从旁边飞驰而过，都向车手投掷西瓜、香瓜、苹果，以示祝贺。然而，这些好意的礼物却起了反作用。西瓜、香瓜把车身砸凹下去，苹果落到车手身上，造成严重的外伤。

其实道理很简单：汽车本身的速度加上投出西瓜和苹果的速度，就把这些瓜果变成危险、极具破坏力的"炮弹"。它的效果相当于汽车停在原地，农民们直接用手枪和炮弹对着汽车扫射。你知道吗？4000克重的西瓜投向高速行驶的汽车所产生的破坏力，与10克重的枪弹发射出去后的破坏力不相上下。真是太可怕了！

5 要人命的电磁波

一天，小龙崎问龙博士："龙叔叔，什么是电磁波？"

龙叔叔说："手机通话时，我们是在接收电磁波；电脑无线上网时，我们运用的也是电磁波；飞机航行时，需要借助电磁波导航；电视台发射信号时，更是离不开电磁波来传递信号。可以说，我们身边充满了各种信号的电磁波，它时时刻刻包围在地球周围。"

"看来电磁波真是我们的好帮手啊！"小龙崎感叹道。

"也不一定。这些电磁波，有时也会闯祸。"龙叔叔说。

美国有一家炼钢厂曾发生过严重的伤亡事故。当时，所有工人正在钢厂里忙碌地工作着，人们把熔融的钢水浇注进各种模子里，塑造成块状、条状的器具。有一名工人输入操作指令，把一包钢水运往下一道工序。然而，他发现起吊熔融钢水包的天车失去了控制，移到正在车间工作的工人头顶上的时候就不动了。他还没反应过来，那包钢水就顺势浇下去了。工人们根本没时间逃遁，就被倾盆而下的钢水淹没，瞬间化成灰烬。

事后人们经过详细调查发现，工厂附近有高功率的信号塔，它日夜不停地对外发射电磁波信号。当天，那辆起吊熔融钢水包的天车的控制电路受到信号塔的电磁辐射影响，接收到了错误指令，最终酿成这场灾难。

另外，如果长时间暴露在电磁辐射的环境里，人会产生各种疾病，甚至变异为肿瘤。第二次世界大战期间，德国的某家电台向全欧洲播放广播，以宣传其纳粹精神。一天，播音室里的人员各司其职，正紧张地忙碌着。播音员在宣传最新战况的时候，忽然整个屋子里传来麦克风尖锐的鸣叫声，紧接着，所有人感到头晕目眩，极度难受。情急之中，人们慌忙拔掉电源，可还是有人昏厥倒地。当时，所有人都以为昏厥是受麦克风噪音刺激后导致的。然而，随后的几年里，这家电台里的大部分人员都出现了手上长脓包、淋巴肿大的症状。

那么，是什么原因导致这些人淋巴肿大的呢？医生们也百思不得其解。后来，研究电磁波的人员指出，罪魁祸首是电磁辐射。原来，这家电台当天由于受到不明电磁干扰，信号很弱，为方便人们收听，电台加大了输出功率，结果导致台里的工作人员昏厥。此后，这家电台为扩大覆盖面积，又多次提高输出功率。人们受到电磁辐射影响，日久天长，便出现各种病症。据调查，生活在这家电台附近的居民也患了类似的病，有很多已演化成恶性肿瘤。

现在，电磁辐射已成为影响人类健康的最大危害之一，意大利每年有400多名儿童受电磁污染而得病；我国每年出生的2000多万新生儿中，约有100万为健康存在问题的病残婴儿，有专家认为，其中的影响因素可能也与电磁辐射有关。

不可不知的事

飞机上为什么禁止使用手机？

飞机起飞或降落时，都要禁止使用手机，航空公司一般给出的解释是：这样做很危险。原来，飞机上的导航设备是利用电磁波来测定方向的，它接收到地面导航站不断发射出的电磁波后，就能测出飞机的准确位置。当手机工作时，它也会辐射出电磁波，干扰飞机上的导航设备和操纵系统，使飞机自动操纵设备接收到错误的信息，进行错误的操作，引发险情，甚至使飞机坠毁。除手机外，使用寻呼机、笔记本电脑、游戏机时也会辐射电磁波，因此这些设备也不能在飞机上使用。此外，太阳黑子和北极光等天文现象产生的电磁波也会干扰飞机的正常航行。

6 吓人的放射性污染

这天，放学回到家，小龙崎问龙博士：“龙叔叔，我们老师在课堂上提到了一个词，叫‘放射性元素’。那是什么东西？”

龙叔叔说：“在地球上，人们不断发现了很多种元素，就是这些已知的和未知的元素组成了我们熟悉的大千世界。在自然界和人工生产的元素中，总有一些可以自动发生衰变，并放射出肉眼看不见的射线，我们就称这些元素为放射性元素。”

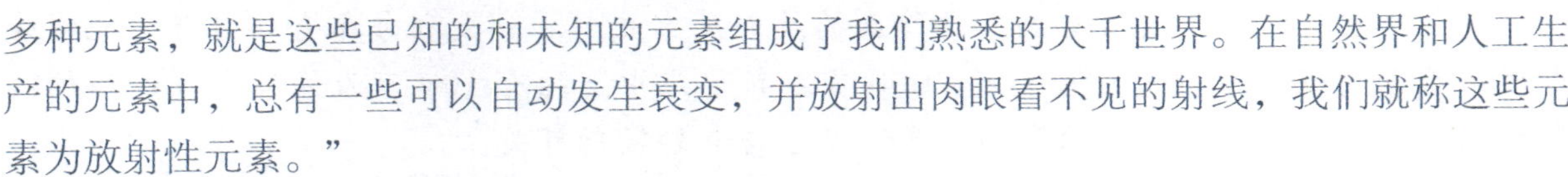

小龙崎又问：“老师说它们就像一把双刃剑，有能力帮助人们，同时也有能力伤害人们，是吗？”

1954 年，往日荒凉的美国犹他州圣乔治沙漠热闹非常，原来是一家电影公司在拍摄一部传奇故事片《征服者》。只见一队队的古代蒙古骑兵在沙海中奋勇格斗着，其中的主角就是扮演成吉思汗的美国著名影星约翰·韦恩。当时包括演员在内的所有工作人员共 200 多人，他们日夜在沙漠中艰苦地工作着。不过人们并没有白白辛苦，影片一上映，便获得了大众的一致好评。

就在这个让人兴奋的时刻，摄制组的演员和工作人员却一个接一个地病倒了。经过医院的彻底检查，发现有 91 人先后得了癌症，而明星约翰·韦恩和制片人也没有逃过病魔的魔爪。这件事当时在美国引起了强烈的反响，人们都称它为“圣乔治惨案”。

为了调查人们患病的原因，当时美国政府组织了专门人员到外景拍摄地采样分析，结果让所有人都大吃一惊。在圣乔治沙漠中，放射性物质的剂量要比被原子弹“造访”过的广岛还要高。原来，在离圣乔治沙漠不远的地方，有个美军核试验场，那里曾经爆炸过 11 枚原子弹，放射性污染很严重。这些放射性的污染物随着风来到圣乔治沙漠，将这片宁静的沙漠变成了杀人之地。

小龙崎惊讶地问：“到底是什么物质有这么大的威力呢？”

龙叔叔说：“它们就是元素锶 -90 和铯 -137。当核爆炸以后就会生成这些物质，它们有非常强的放射性。锶 -90 被人吸入体内后，就会长期存在于骨骼里，在那里不断地放出对人体无益的射线，从而破坏人体的组织，使人患上可怕的骨癌和白血病；铯 -137 进入人体后，会去它最喜欢的地方——肌肉，旁若无人地放射出损害肌肉的射线，最后引起严重的疾病。多年前，放射性元素根本没有在人体内出现过，可是随着科学的‘发展’，它们竟然能够攻击人类。虽然你现在没有发现，不过千万不能掉以轻心，可能只是没有达到它‘现身’的条件而已。”

不可不知的事

被镭的放射线强烈辐射的居里夫人

我们都知道，居里夫人是世界上第一个两次获得诺贝尔奖的科学家。她发现了元素镭的存在，也正因为如此，引发了一场科学革命，从而引领了原子时代的到来。不过，凡事都具有两面性，虽然科技因此而进步，可是居里夫人也为此付出了巨大代价。由于长期接触镭射线，她眼花耳鸣，原来健康的身体也开始走向低谷，最后死于恶性贫血。即使她已经死了几十年，但她用过的笔记本，还在不断地释放出镭射线。

7 带来灾难的“吸力”

这天，小龙崎跟着叔叔龙博士去送一位亲戚回老家。来到火车站，龙叔叔对小龙崎说：“你不要到铁路边去玩耍，防止火车开过来时产生一股吸力，把你吸了进去。”

小龙崎想不明白，就问：“龙叔叔，开动着的火车为什么会产生吸力呢？”

1912 年的秋天，当时世界上最大的一艘远洋轮船“奥林匹克号”正在向前疾驶，这时在距其 100 米左右处有一艘巡洋舰与之同向前进。突然，吨位小的巡洋舰好像被一只无形的巨手推动似的，竟向“奥林匹克号”冲了过去。巡洋舰的舰长大惊，连忙纠正航向，但是一切努力都归于失败，巡洋舰还是把无辜的“奥林匹克号”撞了一个大窟窿。

是什么制造了这场灾祸？

我们不妨先做个简单的实验：取两张普通纸，用两只手拎着平行相对放置，中间留有十几厘米的距离。我们用嘴向它们之间吹口气，试图使二者分开的距离更远些，结果恰恰相反，两张纸非但未分开，而且靠得更近了。

原来吹气时两张纸之间的空气的流动速度加快了，而压强就会变小。两张纸外侧的空气保持着大气压强，而内侧气体的压强变小了，外侧压力大于内侧压力，两张纸必然向内侧运动。

这个原理其实早在 1726 年就由瑞士的一名大物理学家丹尼尔·伯努利提出来了，但是没有引起人们的重视。直到“奥林匹克”号与“豪克”号巡洋舰两船相撞，人们才认识到伯努利原理的力量。原来当两船高速并排前进时，在两船之间水的流速变大了，这就使得两船的外侧压力比内侧大，在压力差的作用下，遂发生了惨案。

除轮船外，疾速行驶的火车也会发生类似情况。19世纪的沙皇时期，有一位将军要到西伯利亚考察，事先通知沿途做好准备。有个小镇的驻军司令很想借此机会巴结这位将军，他大清早把士兵招集起来，站在铁轨两旁列队欢迎。半天过去了，士兵们都累得精疲力竭，仍不见将军的影子。忽然，远处传来汽笛声，只见火车尖叫着，毫无减速的意思，风驰电掣地从士兵队列间驶过。就在这时，好像有一股极大的吸力强拉着紧靠着铁轨的士兵向车轮下扑去，只见士兵们仿佛体操训练般挨个翻倒在列车下。眨眼间，喷着白烟的火车驶过后，铁轨上却留下了一大片模糊的血肉。

小龙崎问：“为什么会发生这样的惨案呢？”

龙叔叔说：“原来这也是伯努利原理造成的。其实，人们太靠近行驶的火车，容易被火车吸走，这种说法是不确切的。正确的解释是：当火车高速前进时，它附近的空气都被带动跟着前进，人站在行驶的火车跟前时，前面空气的流速快而后面的空气不动，由此产生的压力差就会把人推向火车，造成事故。”

不可不知的事

会“飞”的屋顶

唐代诗人杜甫曾盖过茅草屋。有一年秋天来临的时候，风非常大。夜里，他听到呼啸的风声从屋顶刮过，紧接着，整个屋顶带起了梁柱，升空飞走了。第二天醒来时，他仍躺在床上，只是头上方的屋顶不见了。伤心之余，他作了一首有名的诗叫《茅屋为秋风所破歌》。

茅草屋顶飞走了，而房子却完好无损，这是什么原因呢？其实，这也是一种伯努利现象。当刮风时，屋顶上的空气流动得很快，而屋内的空气几乎是不流动的。这时屋内的气压大于屋顶的气压，要是风越刮越大，屋顶上下的压力差也会越来越大，若风速超过某个程度，屋内强大的气压就会顶破房屋，把整个屋顶托起来。

8 厉害的大风

这天，户外风平浪静，小龙崎打开门窗想透透气。他打开门，发现对门的门窗也打开了，看来也是觉得空气有点闷。这时候，一阵大风呼呼地刮过来了，吓得小龙崎大叫。龙叔叔连忙走了过来，关上了门。

小龙崎惊魂未定地问："龙叔叔，我看外面风平浪静，怎么忽然刮起了大风？"

龙叔叔说："其实这是狭管效应惹的祸。你知道狭管效应吗？"

2007 年，从乌鲁木齐开往阿克苏的列车在途经珍珠泉附近时，遭遇了 13 级的大风，由于风速太快，十几节列车被瞬间掀翻，脱离路基。虽然当地救援人员及时赶到并处理了事故现场，可是这起事故仍然造成了 4 人死亡，34 人受伤。科学家认为，如果只是空气流动引起的大风，不可能会造成这么巨大的破坏力，这次事故一定与地形有非常重要的关系。后来经过研究发现，当气流由开阔的地带流入峡谷时，由于空气不能大量堆积，于是便加速流过山谷，从而使风速增大，人们称这种现象为“狭管效应”。当时翻车的地点为天山南北向的峡谷中，大风经过天山峡谷时，通过狭管效应迅速加速，风力也成倍增大，于是就产生了如此强大的破坏力。

另外，吹向街道的风大多数时候与笔直街道旁的高楼有一定夹角，它们被建筑物阻挡后就形成螺旋形的旋涡。风大时，街道上的人流和车辆也会遭遇狭管效应，被抛向别处。科学家通过实验证实，平地上3～4级的风，经过高楼的狭管效应放大后，可达到10级以上。

听了龙叔叔的解释，小龙崎说：“现在凡是设在高处的广告牌架，都得经过相关部门批准，目的应该就是防止高楼风吹落广告牌伤及无辜吧？”

龙叔叔赞同地点了点头。

不可不知的事

央视大火与狭管效应

2009年，中央电视台新址发生特大火灾，蔓延的火势迅速传遍整个大厦。人们普遍认为，楼顶的大风是导致火势蔓延的凶手。然而，当日的天气预报显示，风力为2级，弱得连地面的灰尘和纸屑都吹不起来。那么，楼顶的大风是从何处来的呢？专家认为，这是狭管效应造成的。着火的大厦地处十字路口附近，它的西面、西北面和北面都林立着几幢高楼，流过的空气在此加速，因而风力非常凶猛，直接将星星之火发展成燎原大火。

9 金属“累”了酿大祸

放学的路上，小龙崎捡到一段铁丝。他将铁丝沿中线反复弯折，过了一会儿发现，弯折处变得滚烫，而且轻易就能掰断。回到家，小龙崎问龙博士：“龙叔叔，铁丝反复弯折后，为什么轻易就能掰断？”

龙叔叔看了看小龙崎手里的铁丝说：“细小的铁丝是这样，厚厚的钢板也是这样，几乎所有的金属总是很容易沿反复弯折的地方变形裂开，这就是金属疲劳。”

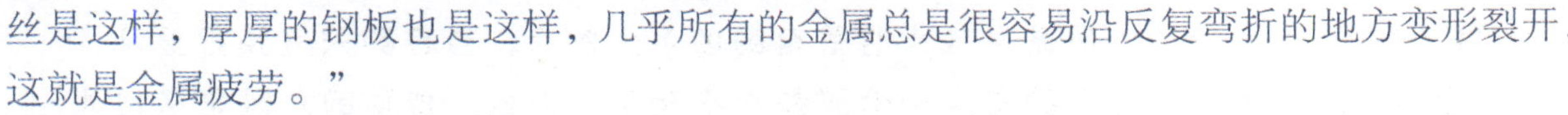

小龙崎又问：“那么，金属疲劳会给人类带来很大的麻烦吗？”

穿皮鞋的人，经常会在皮鞋上擦些油。这不光是为了美观，也是为了延长皮鞋的使用寿命。你注意到这样一个现象吗？鞋面经常在最容易引起折皱的那个地方破裂。这是为什么呢？原来人们走路时，在脚跟离地，脚尖没有跨出的一刹那，鞋前脸的中间部位就会产生折皱，脚跟着地时才恢复原状。这样反复折皱，到了一定的极限，鞋面就在折皱处破裂了。这在力学上叫“疲劳”破坏。原来在自然界中，不光人会疲劳，许多材料也会“疲劳”。除了一些非金属，如木材、塑料、玻璃、混凝土等材料外，号称“百折不挠”的金属也有这个致命的弱点。比方说，用手弯折一根铁丝，当你在同一个地方反复地弯折若干次以后，铁丝就会从此处断裂。

1998年6月，德国的一辆高速列车从慕尼黑开往汉堡。列车开出40分钟后，车头与车体突然脱离，由于事发时车速高达每小时200千米，因此导致第二节车厢抛离轨道冲入树丛之中，后面的车厢则撞上行车天桥的拱位，使天桥主体倒塌。两名正在桥下工作的德国铁路员工被当场撞死。等肇事列车的火车头平稳驶进站台后，工作人员才发现后面的车厢全都不见了，这才意识到发生了事故。这次列车出轨造成100多人死亡。事后经过调查，人们发现，事故发生的主要原因竟然是列车的一个车轮外钢圈因疲劳而突然断裂。

小龙崎又问："为什么金属会产生疲劳呢？"

龙叔叔说："一直到了20世纪，有了显微镜的帮助，对金属进行严格的'体检'后，人们才发现了它断裂的真正原因：一方面，金属本身总存在着本来就有的缺陷，例如杂质、肉眼看不见的裂纹等；另一方面，金属反复经受一定的力，在金属内部最薄弱的地方就形成了肉眼不易看见的裂纹，稍不注意，让它继续运作，就会产生更大的裂纹，并深入材料内部。'疲劳'积累到一定限度，材料便会突然断裂。"

不可不知的事

如何克服金属疲劳？

德国学者发现，金属受到外力作用时总会发出细微的声音，并且从中得到启迪，发明了诊断"金属疲劳病"的检验仪。为防止螺钉等连接件出现金属疲劳，人们便在螺钉小孔内注入了红色颜料。当螺丝负荷过大时，醒目的"鲜血"便慢慢地往外渗出，从而起到了报警作用。汽车弹簧加入了稀有金属后，就能够很好地克服金属疲劳，哪怕经过上千万次的冲击，也不会出现疲劳断裂的痕迹。尽管金属疲劳的危害很大，但未来人们肯定会想出更多的方法来克服它。

10 “吃”人的沙子

走在海边的沙滩上，一不小心，小龙崎的脚就陷进去了，感觉走起来很费劲。他气喘吁吁地说：“这些沙子太软了，真讨厌啊！”

龙叔叔笑着说：“你还没见过流沙呢，它就像个可怕的怪物，能慢慢地将人吞噬。”

小龙崎吃惊地说：“流沙这么吓人吗？它还有哪些可怕之处呢？”

当人刚掉进流沙时，沙子首先会“黏”在人体下半部，然后以每秒钟 1 厘米的速度拖住受困者的脚，并产生 10 万牛顿的力。如果想要摆脱这些力，就需要一部中型汽车帮忙。所以，通常人们很少能将掉进流沙中的人拖拽出来。

宋朝神宗皇帝当政时期，有一支皇家军队奉命调遣。傍晚时分浩浩荡荡的大军走进灰蒙蒙的沙滩，军队首领命令两名小兵前去探路。突然，有探子飞马来报，说两名探路的小兵失去踪影。就在此时，在部队前面的十几名士兵突然陷入沙地，他们拼命挣扎，却越陷越深。同伴们试图去拉，结果都陷入了泥沙中。将军纵横沙场多年，自然不信这个邪，于是跃马上前，命令部队继续前行。可是，就在他跃马的瞬间，泥沙地面像张开口的怪兽一样迅速下陷，将他吞噬其中。等到士兵们反应过来跑去相救时，泥沙地面早已恢复常态，坚固得像石头，根本看不出几分钟前的模样。就这样，平坦的地面再也没有了将军的身影，只留下呼啸而过的风和剩下的兵马。

流沙不仅能把人陷下去，还能吞噬汽车。1945 年 4 月，德国纳粹集中营有一个车队，为了如期赶到前线，队伍疾速前进着。突然，有一枚炸弹在车队前面爆炸，走在最前方的司机急忙来了个急转弯，车便冲向公路旁长草的沙滩。就在此时，车身开始向旁边倾斜，随即就随着路面的泥沙开始下沉。司机急忙爬上车顶，可沙子很快也“淹没”上来。他又爬上了更高的货堆，但随着车子的下陷，泥沙更肆无忌惮了，像凶猛上涨的潮水一样。这时他急中生智，纵身向公路跳去。慌乱中竟然抓住了路旁的野草，最终挣扎着脱离险境。等他定下神来找汽车时，身后的汽车早已踪影全无了。

小龙崎好奇地问：“这究竟是怎么回事呢？”

龙叔叔说：“人们为了弄清事实，着手展开调查。最后发现，这些事故的罪魁祸首都是并不常见的流沙。因此，流沙又被人们称为‘吃人’的沙子。它是在某种条件下，平常的沙子被施加压力，表面受到干扰，从而迅速‘液化’而形成的。只要沙滩中的沙子‘液化’，表面就开始松软，并不断往下层流动。如果人和物掉进流沙里面，并且没有抓住附近的树枝或者同伴扔来的绳索，就会一点点下沉。随着下沉深度的增加，从上层迁徙到底层的沙子就会和黏土聚合，从而形成足够厚的沉积层。当然，这时沙子的黏性也会迅速增加，然后停止流动，最后形成结实的地面。”

不可不知的事

吞噬牙买加罗伊尔的流沙

1692 年，牙买加的罗伊尔港口发生了大地震。几天后，整个城市开始下陷，人们看见汹涌的流沙从附近的高地流下来，像南美最大的伊瓜苏大瀑布那样壮观。就在人们欣赏这奇景的时候，房屋开始下陷，人畜也开始消失，他们眼看着亲人从屋顶被推到地下。不到半天时间，整个罗伊尔 1/3 的城市就消失不见了，还有 2000 人被活埋。专家认为，正是之前的地震导致地下水渗透，土壤液化，最终催生了吞噬万物的流沙。

11 杀人于无形的次声波

晚饭后，小龙崎不想睡觉，缠着龙叔叔给他讲故事。龙叔叔想了想说："19世纪时，人们在荒岛上发现了十几名探险者的尸体。令人诧异的是，他们没有遭遇野兽或者海盗的袭击，随身携带的食物也很充足，更没有得什么疾病。"

"那他们为什么会死呢？难道有妖怪？"小龙崎害怕地说。

"这世上那有什么妖怪？凶手是默默杀人的次声波。"龙叔叔笑着说。

1948年2月，荷兰的一艘货船正在太平洋上向西航行，船员们个个心情愉快，因为他们这次远洋十分顺利，生意也很成功，现在他们总算可以回到美丽的故乡了。

这时，船长通知大家，前面就要进入印度洋了，但必须穿过马六甲海峡，请所有船员作好准备。大家一听，都紧张起来，作为水手都知道，马六甲海峡经常有风暴出现。

虽然所有的人都作好了与风浪搏斗的准备，但还是被滔天的海浪搞乱了阵脚，大船被呼啸的狂风吹得把握不了方向，急剧摇晃，就好像一艘纸船那样绵软无力。船员们一个个站立不稳，好几个开始呕吐。他们预感到灾难已经来临了。

果然，更大的不幸在等待着他们。船员们听到狂怒的海风和海浪的一阵阵长啸，渐渐感到头痛、恶心、耳鸣，甚至觉得骨头像裂开似的，心脏狂跳不已，更多的则是四肢麻木，大脑渐渐失去知觉。这艘商船就这样在风暴中挣扎着，被巨浪抛来抛去……

四天以后，一架军用侦察飞机掠过马六甲海峡，发现了这艘已经残破不堪的商船。当救援的人们来到船上时，看到的是一幅悲惨的画面：船上躺满了横七竖八的尸体，个个都好像经受了极其痛苦的折磨而丧命的样子，令人惨不忍睹。

小龙崎问：“谁杀害了这些无辜的人们？”

龙叔叔解释说：“次声波是一种频率低于人耳接听范围的波。人耳所能听见的声波在20～20000赫兹，而它是低于20赫兹的声波，因此人们根本发现不了它的存在。虽然次声波的频率很低，但是穿透力却极强，能够穿透十几米厚的钢板和混凝土。在自然界中，波浪、刮风、打雷等自然现象都能发出次声波。特别是船员在海上遭遇波浪振荡产生的次声波时，很容易被影响成精神错乱，最后死亡。”

不可不知的事

滑稽的次声波实验

有一个名叫伍德的美国人，曾做过一个滑稽的实验——他把小型次声波发生器带到大剧院里，剧院正在演出著名话剧，观众随着剧情的发展，时而鼓掌，时而喝彩，台上台下，都沉浸在热烈的气氛中。伍德悄悄地把次声波发生器打开，然后躲到很远的地方观察人们的反应。结果，几分钟后，剧场里出现了反常的情绪，人们的脸上露出慌恐不安和迷惑不解的神情，原来欢快热烈的气氛也一扫而光。不过，人们并不知道这是次声波在作怪。

12 “怕”冷的金属闯大祸

小龙崎买了一瓶罐头，怎么也拧不开盖子。龙叔叔让他把罐头盖用开水烫一下，盖子就很容易拧开了。小龙崎说：“哎呀，真是神奇！这到底是怎么回事呢？”

龙叔叔说：“自然界中的很多物质都遵循‘热胀冷缩’的规律，金属在一定条件下也有这样的性质，罐头盖受热会发胀，因此很容易就拧开了。”

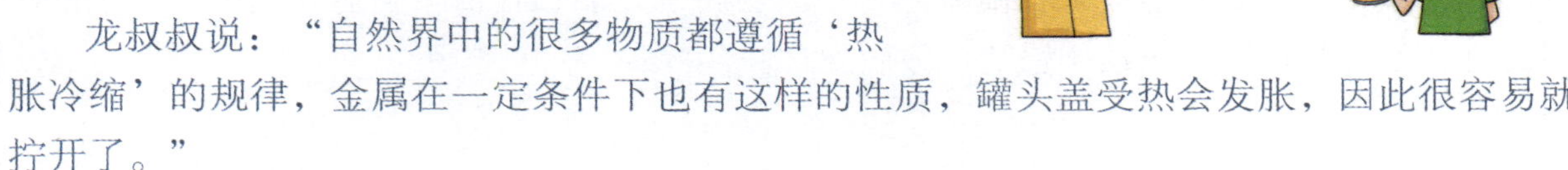

“这种规律还真是对我们帮助很大啊！”小龙崎边吃罐头边说。

“那也不一定，如果生活中不多加注意，它可能会造成无法想象的事故！”龙叔叔说道。

在巴基斯坦曾经发生过一场列车出轨事故。当时正是凌晨，这辆载着 700 多位乘客的列车从巴基斯坦的第一大城市卡拉奇驶向第二大城市拉合尔。突然“嘭”的一声，列车发出了巨大的声音，这响声将很多乘客从梦中惊醒，在人们还不知道到底发生了什么事的情况下，众多车厢相继翻出了轨道。这辆列车是由 18 节车厢组成的，其中有 14 节车厢冲出了轨道。这些冲出轨道的车厢相互挤压碰撞，冲下一个 4 米多高的堤坝，坠入了一块湿地中，其中 4 节车厢全部被毁。事故发生后，车厢残骸内充满了呼救声和哭喊声，当附近的居民到达现场的时候，发现很多人已经遇难。有几节车厢被挤压得严重变了形，人们根本无法自救，只能等待救援。很多人在这次事故中失去了亲人、朋友，失去了曾经幸福的家庭。

事故发生以后，巴基斯坦相关部门立刻进行了调查和研究，认为是由于天气过于寒冷，导致铁轨的一个焊接点因为热胀冷缩而发生了断裂，从而引发了这场事故。

另外，1927 年的冬天，欧洲的各大报纸上都刊登出了这样一条令人惊叹的消息：法国由于连续几天遭遇严寒的侵袭，位于巴黎市中心的塞纳河大桥受到了严重的破坏。桥面上的砖突然开始不停地碎裂，出乎意料的是大桥竟然变短了。为了避免发生意外，人们只能停止桥上的交通。原来是金属冷缩的结果。

听到这里，小龙崎问道："塞纳河的大铁桥遇冷收缩了，它上边的砖和水泥也会遇冷收缩，可是为什么砖会被压坏呢？"

龙叔叔说："这是由于桥和砖冷的程度有所不同而造成的。因为当固体温度升高时，固体的各种线度（如长度、宽度、厚度、直径等）都要增长，这种现象叫'固体的线膨胀'。固体的温度改变 1℃时，其长度的变化与它在 0℃时的长度之比叫作'线胀系数'。不同物质的线胀系数是不同的。铁的线胀系数是 0.000012，钢的线胀系数是 0.000011，水泥的线胀系数是 0.000014，各种材料'各行其是'。这样，有时会互相挤压，有时会互相远离，于是就会发生塞纳河大铁桥的事故。"

不可不知的事

热缩冷胀的锑

锑这一种金属不同于其他具有热胀冷缩性质的金属，它有热缩冷胀的独特性质。锑是一种银灰色的金属，它总共有4个“孩子”。人们最熟悉的是老大——灰锑，它还有3个“小弟弟”，依次是黄色的黄锑、黑色的黑锑和容易爆炸的锑。不过，这3个小弟弟的化学“性格”都不稳定，在相应的温度下，它们是可以相互转变的。锑有一个很大的特点就是热缩冷胀，液态的锑在冷却凝固时，体积反而会更大了。过去，人们利用锑的这个怪脾气制成了铅字。在熔化了的铅字合金中加入一些液态的锑，把混合起来的熔液倒入铜模里冷却凝固，固态的铅字合金的体积就会增大一些，从而使每一个细小的笔画都十分清晰地凸显出来。不仅如此，加入锑后，还能使铅字合金更加坚硬、耐磨。

13 来自空中的死神：酸雨

一天，电视上正在播放酸雨的新闻。小龙崎说：“下酸雨多好，不用买醋了！”

龙叔叔笑了一下，说：“酸雨并不是味道酸酸的雨，而是酸性很强的雨。它可是很可怕的！”

小龙崎有些不明白，问：“酸雨究竟是什么呢？”

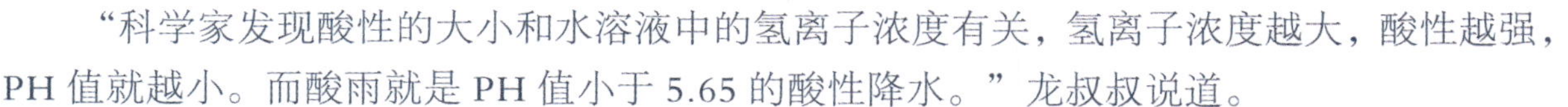

“科学家发现酸性的大小和水溶液中的氢离子浓度有关，氢离子浓度越大，酸性越强，PH 值就越小。而酸雨就是 PH 值小于 5.65 的酸性降水。”龙叔叔说道。

“那酸雨究竟有多可怕呢？”小龙崎问道。

酸雨降落到地面以后，对土壤的性质有很大影响。如果土壤是碱性的，比如我国北方的多数土壤，酸雨会被中和，不会造成有害的后果。但是，如果土壤本身是酸性的，比如我国南方的大多数土壤，酸雨就会和土壤发生离子交换作用，留下氢离子，带走钙、镁等植物生长需要的营养元素，从而影响植物的生长和发育。土壤中的铝在酸雨的作用下也会溶解出来，转化成有害的形态，伤害树木的根系，使树木生长不良，甚至死亡。

酸雨对江河、湖泊的影响也很大。尽管湖水有一定的中和能力，但是在酸雨严重的地区，这种中和能力很快就会被不断增加的酸雨消耗掉。湖水的酸度就会逐渐上升，有害形态的铝也会增多。在这种湖泊中，鱼类的生存和繁殖都会受到威胁。在严重酸化的湖泊、江河，不用说鱼，就是藻类也无法生存。

另外，在酸雨的侵蚀下，植物的叶片可能会受到伤害，光合作用的能力会减弱；金属材料和石料制品的腐蚀速度也会大大加快。很多露天雕塑和古代建筑，就是由于酸雨的侵蚀而变得面目全非的。如北京故宫博物院里不少栏杆上的石雕蟠龙、太和殿前的巨石雕龙，由于酸雨的长年侵蚀，上面的石纹已经变得模糊不清了。

近四十年来，工业飞速发展，世界各地的文物古迹都不同程度地遭到破坏。希腊帕提侬神庙原本秀美绝伦的女神像现已个个变得衣衫褴褛、蓬头垢面。据统计，雅典损失的珍贵文物，比过去 400 年的总和还要多；意大利罗马的古文物特拉扬石柱上面雕刻了 2500 个形态各异的人像，最近也变得模糊难辨；埃及金字塔和狮身人面像原本清晰分明的轮廓也难以辨认。自从进入 20 世纪以来，柬埔寨吴哥窟、意大利威尼斯城、英国圣保罗大教堂等历史悠久的建筑也都纷纷遭到了不同程度的破坏。

不可不知的事

湖里漂浮的死鱼

20 世纪 70 年代，美国东北部湖泊旁的渔民发现，湖面上时常漂浮着翻白肚的死鱼。因为它们死因不明，当地人并不敢轻易食用。这些没有被打捞的鱼会留在水面变成水鸟的美食，或者等着腐烂变臭。几年过去了，现在人们在这个湖泊几乎看不到鱼和水藻。这究竟是怎么回事呢？

原来酸雨降落到水面后，会导致湖水酸化，严重时足以杀死鱼类。而且，过酸的湖水会与土壤和湖底的化合物反应，释放出重金属。这些重金属分子被水草和小浮游生物捕食，最后通过食物链进入鱼的腹中，从而毒害鱼类。如果这些鱼成为人们的盘中餐，随着时间的累积，很可能使人患上不治之症。

14 危险的“脆弱”金属

今年的冬天特别冷，小龙崎听电视上说，已经发生了好几起大雪压断电线、电流击死行人的事故。小龙崎问龙叔叔：“电线都是金属做的，金属通常坚硬无比，而且韧性非常好，怎么这么容易被压断呢？”

龙叔叔说：“这是由于金属在低温下非常脆弱。历史上人们就曾遭遇过低温下金属变形的各种悲剧。想知道不起眼的小小纽扣是怎么让拿破仑大军溃败的吗？我们先去看看低温下‘脆弱’的金属吧！”

1812 年，拿破仑率领 50 万法国大军进攻俄国，当时天寒地冻，行军艰难，而俄军采取不抵抗策略，放火烧掉城池，连救火的消防栓都没留下。当法国大军到达空荡荡的城池时，找不到任何有用的东西。由于温度太低，士兵衣服上锡制的纽扣很快就变成了粉末，几十万大军在寒风暴雪中敞胸露怀，很多人因此得病，更有部分士兵被活活冻死。在这样的情况下，法军人数急速锐减。最后，俄国人看见一幕悲惨的景象：法国士兵裹着女人的斗篷、奇怪的地毯碎片及烧满小洞的大衣，如同奇形怪状的魔鬼纷纷从莫斯科撤退。

锡制纽扣之所以会突然变成粉末，和锡的属性有关。锡是银白色金属，在 13.2℃以上时，它非常坚硬稳定。然而，当气温下降到 13.2℃以下时，它的体积骤然膨胀，原子间的空隙加大，变成另一种结晶形态的灰锡。最初人们很难用肉眼观察到，逐渐地，在锡金属上会出现粉状小点，然后出现小孔，最后锡金属会分崩离析。如果温度下降到 -33℃，晶体锡会变成粉末锡，于是我们就看见了变成粉末的锡制纽扣。

金属在低温下变脆，可不仅仅会使纽扣变成粉末，有时还会带来灾难。1954 年冬天的一个晚上，寒风呼啸，西欧爱尔兰海面上有一艘 3.2 万吨的英国巨型油轮正在航行，突然船体猛烈地震动起来，不久就沉入海底。它既没有碰到冰块，也没有撞上海底珊瑚礁，更没有遭遇炮火袭击，为什么会毫无征兆地突然沉没呢？由于谁也弄不清原因，于是这次事故成为轰动一时的疑案。后来又接连发生了几起类似事故，人们对事故的缘由更加好奇了。

科学家经过研究，最后得出结论，低温使金属内部的原子结构发生变化，从而使金属变脆。巨型油轮的沉没，正是因为寒冷的天气致使船体钢材变脆发生断裂造成的。

不可不知的事

“超速骤冷”的耐高温技术

既然低温下金属的原子结构会发生变化，使金属变脆，那么能不能利用这个特点制造出新型材料呢？科学家纷纷着手研究。1980 年，美国曼拉特 - 惠特尼航空发动机公司制造的燃气涡轮发动机叶片，能在 1700℃的高温下工作而不毁坏。1981 年 4 月，美国航天飞机“哥伦比亚号”试飞成功，铺设在飞机表面上的 3.4 万多块高温陶瓷瓦经受住了几千摄氏度高温的考验。

涡轮叶片和陶瓷瓦在长时间的高温环境里为什么能安然无恙呢？原来，这些性能优异的叶片、陶瓷材料采用了“超速骤冷”工艺。它们是在低温环境里制造出来的非晶体。当金属被加热到液态，然后再以超快的速度瞬间冷凝之后，就会获得如同玻璃那样的非晶体金属。它们耐高温，有的耐腐蚀，能力比普通金属强 1000 万倍。

主要参考书目

[英] 加纳利著，王晖等译：《可怕的科学·经典科学及自然探秘》，北京少年儿童出版社 2010 年版。
[英] 尼塔 · 阿诺德、王渝生合著，韩庆九等译：《可怕的科学 · 经典科学系列》，北京少年儿童出版社 2010 年版。
于秉正：《可怕的科学》，中国和平出版社 2011 年版。
沈晓阳等：《威慑人类》，国防大学出版社 2002 年版。
张田勘：《科学的沼泽》，民主与建设出版社 1998 年版。
李海峰：《科学：一把双刃剑》，长春出版社 1998 年版。
余开亮：《骇世黑客》，中国华侨出版社 2000 年版。
周寰：《点击网络文明作者》，中国城市出版社 2001 年版。
乔岗：《网络化生存》，中国城市出版社 1997 年版。